CAMINHO JAPONÊS

MARTIN VIDAL

日本の道

CAMINHO JAPONÊS

da culinária à cultura milenar

Editora Senac Rio – Rio de Janeiro – 2025

Caminho japonês: da culinária à cultura milenar © Martin Vidal, 2025.

Direitos desta edição reservados ao Serviço Nacional de Aprendizagem Comercial – Administração Regional do Rio de Janeiro.

Vedada, nos termos da lei, a reprodução total ou parcial deste livro.

SENAC RJ

PRESIDENTE DO CONSELHO REGIONAL
Antonio Florencio de Queiroz Junior

DIRETOR REGIONAL
Sergio Arthur Ribeiro da Silva

DIRETORA ADMINISTRATIVO-FINANCEIRA
Jussara Alvares Duarte

ASSESSOR DE INOVAÇÃO E PRODUTOS
Claudio Tangari

EDITORA SENAC RIO

Rua Pompeu Loureiro, 45/11º andar
Copacabana – Rio de Janeiro
CEP: 22061-000 – RJ
comercial.editora@rj.senac.br
editora@rj.senac.br
www.rj.senac.br/editora

PUBLISHER: Sergio Arthur Ribeiro da Silva
COORDENAÇÃO EDITORIAL: Cláudia Amorim
PROSPECÇÃO: Manuela Soares
COORDENAÇÃO ADMINISTRATIVA: Vinícius Soares
COORDENAÇÃO COMERCIAL: Alexandre Martins
PREPARAÇÃO DE ORIGINAIS/COPIDESQUE/REVISÃO DE TEXTO: Gypsi Canetti
PROJETO GRÁFICO DE MIOLO/DIAGRAMAÇÃO: Vinícius Silva
EDIÇÃO: Eliana Nogueira e Paloma Vidal
FOTOS: Tomás Rangel e Diego Batista
PROJETO GRÁFICO DE CAPA: Thiago Silveira
PESQUISA DE CONTEÚDO: Yan Caetano
COLABORADORES: André Kawai, César Calzavara, Cesar Yukio, Elinda Satie, Hiroyuki Takeoka, Leandro Ishibashi, Luis Guilherme Mattos, Marcos Miura, Roberto Maxwell, Thiago De Luca e William Albuquerque

Impressão: Coan Indústria Gráfica Ltda.
1ª edição: março de 2025

CIP-BRASIL. CATALOGAÇÃO NA PUBLICAÇÃO
SINDICATO NACIONAL DOS EDITORES DE LIVROS, RJ

V692c

    Vidal, Martin
        Caminho japonês : da culinária à cultura milenar / Martin Vidal. - 1. ed. - Rio de Janeiro : Ed. SENAC Rio, 2025.
        216 p.

        ISBN 978-85-7756-530-6

        1. Culinária japonesa. 2. Japão - Usos e costumes. I. Título.

24-95567   CDD: 641.5952
                      CDU: 641.5(52)

Gabriela Faray Ferreira Lopes - Bibliotecária - CRB-7/6643

As imagens das páginas 16, 18 e 19, 20, 23, 28, 30 e 31, 35, 36 e 37, 38 e 39, 40, 41, 42, 43, 44, 46, 47 e 48, 50, 52 e 53, 54 e 55, 56, 58, 60 e 61, 62, 64 e 65, 66, 68 e 69, 70, 78, 80, 83, 84, 88, 89 (sashimi), 91 (tartare), 92 (peixe), 93 (peixe), 95 (corte e peixe), 97 (corte e peixe), 100 (peixe), 102 (corte e peixe), 103 (peixe), 104 (peixe), 105 (peixe), 106 (peixe), 107 (peixe), 110 e 111, 118 e 119, 122, 132, 134 e 135, 136, de uso contratualmente licenciado, pertencem à Shutterstock e são aqui utilizadas para fins meramente ilustrativos.

Este livro é dedicado à minha família: aos meus pais, que, com paciência e incentivo, me ensinaram tudo e sempre confiaram em mim; à minha esposa, Juliana, com quem construí tudo; às minhas filhas, Valentina e Sofia, que mudaram minha vida, cada uma à sua maneira; às minhas queridas irmãs, Paloma e Florencia, dotadas de enorme generosidade e sensibilidade. É por eles que me motivo diariamente.

QUANTAS MEMÓRIAS
ME TRAZEM À MENTE
CEREJEIRAS EM FLOR

MATSUO BASHO

Sumário

PREFÁCIO 11

AGRADECIMENTOS 13

INTRODUÇÃO: UMA JORNADA ALÉM DAS FRONTEIRAS 15

  Montanhas e chuvas 17

  Biodiversidade marinha 18

  A observância das estações do ano 20

  A conservação de alimentos no inverno 21

  Regiões que cultivam ingredientes fundamentais 22

  O papel da culinária japonesa como incentivadora do consumo de pescados no Brasil 24

WASHOKU: A ESSÊNCIA DA IDENTIDADE CULINÁRIA DO JAPÃO ... 27

  Raízes históricas: do princípio à base do washoku 29

  Fundamentos filosóficos: a conexão com a natureza e o respeito pelos ingredientes 29

  Culinária e espiritualidade: uma relação milenar 32

  Kaiseki ryori: a alta culinária de washoku 33

  Os desafios contemporâneos: rumo à preservação da sustentabilidade .. 34

CHÁS: CONEXÃO ENTRE ARTE, TRADIÇÃO E ESPIRITUALIDADE 37

  Breve história do chá no Japão 38

  Chá em tempos modernos: séculos XVII ao XXI 40

  Os tipos de chá japoneses 41

  Como preparar os principais chás verdes 43

SAQUÊ: A CELEBRAÇÃO EM TORNO DA COMPLEXIDADE SENSORIAL 47

  Breve história do saquê 49

  A unicidade e a versatilidade do saquê 54

  A santíssima trindade das biritas japonesas 56

INSUMOS: A SIMPLICIDADE DOS INGREDIENTES EM OBRAS-PRIMAS CULINÁRIAS 69

  Os principais insumos da culinária 71

  A sazonalidade dos ingredientes 77

PEIXES: A VIDA MARINHA INTEGRADA À CULTURA JAPONESA	79
Uma breve linha do tempo sobre a trajetória do peixe no Japão	81
A arte da escolha: um bom pescado representa o sabor ideal	83
Maturação: a arte da modernidade	87
Cortes: técnica e precisão	89
Os astros do mar: tipos famosos de pescado	92
A ciência do pescado e sua relevância na culinária japonesa	109
FACAS: NAS MÃOS DOS ARTESÃOS, A PRECISÃO DOS SAMURAIS	121
Afiação: arte e precisão	123
O lado técnico das facas	124
Tipos de faca	124
Como cuidar das facas de carbono japonesas e preservá-las	134
Formas de corte com a utilização das facas japonesas	137
APRESENTAÇÕES CLÁSSICAS: O ENCONTRO ENTRE TRADIÇÃO E ATUALIDADE	141
Sushi	143
Pratos quentes	145
WAGASHI E YOGASHI: UM VOO PÂTISSIER ENTRE ORIENTE E OCIDENTE	149
Wagashi e yogashi: saborosa dualidade cultural	151
A CULINÁRIA EXCLUSIVA NO SAN: DO JAPÃO À SUA MESA	155
Receitas gastronômicas do San	157
Receitas pâtissier do San	189
Receitas especiais	207
COLABORADORES	213

Prefácio
por Bruno Chateaubriand

Ao pensar sobre a identidade cultural de um país, é fundamental perceber a relevância da gastronomia. A mais simples experiência pode revelar traços marcantes de um povo. Até a mais despretensiosa das refeições – e dos comensais – se traduz em um verdadeiro processo imersivo. Na apresentação de um prato – ou na montagem de um delivery – já se observam características culturais de uma nação.

Na culinária japonesa, muito celebrada e consumida no Brasil, é possível aprender hábitos do país asiático, que carregam enorme tradição em cada alimento que se produz. O Japão sabe expandir, como poucos, seus conceitos culturais por meio da culinária.

Na gastronomia tradicional japonesa, o principal fio condutor vem do princípio do washoku, palavra formada por dois kanjis: 和 (wa), que significa "japonês" ou "harmonia", e 食 (shoku), que significa "comida" ou "refeição". Assim, a palavra vai além da comida ou da refeição, simbolizando a harmonia que a culinária japonesa almeja.

Desde 2017, acompanho o trabalho de Martin Vidal, responsável pela gestão de importantes operações de culinária nipônica. San e San Omakase – primeiro restaurante a conquistar a cobiçada Estrela Michelin de gastronomia japonesa na cidade –, além do delivery Let'Sushi, integram o grupo. Com essas marcas, a empresa realiza um trabalho completo e, então, contempla uma pirâmide de vários níveis de culinária japonesa. Uma bela peça de atum, por exemplo, pode ser aproveitada inteiramente pelo grupo. As partes mais nobres, como otoro e chutoro, vão compor impecáveis apresentações no San e no San Omakase, enquanto outros cortes se transformarão em belíssimas peças de combinados do Let'Sushi.

Martin sempre teve duas grandes paixões: a gastronomia e o empreendedorismo. Formado em direito e economia, realizou parte de seus estudos na Sciences Po, em Paris, cursou pós-graduação em finanças e mestrado em economia internacional pela Universidade de Buenos Aires. Aos 24 anos, no início de 2009, abriu o seu primeiro restaurante: o Koh Lanta. O restaurante ficava na Argentina, no bairro de Palermo, e logo se tornou referência em comida tailandesa na cidade. Três anos depois, inaugurou no Rio de Janeiro, em conjunto com Luis Guilherme Mattos, o delivery de comida japonesa Let'Sushi. Primeira *dark kitchen* de culinária japonesa – modelo de cozinha virtual exclusiva para o serviço de delivery –, que logo se espalhou por todas as regiões do Rio de Janeiro e ganhou ainda mais força na pandemia.

Foi esse conceito harmônico que atraiu Martin e o levou por este caminho: o respeito que os japoneses nutrem pela natureza, pela espiritualidade e por uma escolha de ingredientes específicos para essa seleção, sempre atentos à sazonalidade. A obra fará o leitor percorrer um caminho de aprendizado, que começa pela alta gastronomia, passa pelos chás, peixes e saquês, e, por fim, embarca em uma excelente reflexão sobre os desafios contemporâneos de preservação e sustentabilidade. A leitura é imperdível e necessária.

Agradecimentos

Aos colaboradores, que enriqueceram estas páginas com seus conhecimentos indispensáveis.

A Yan Caetano, que se dedicou à cuidadosa pesquisa e organização do conteúdo deste livro.

Aos meus pais, Eduardo e Cristina Vidal, responsáveis pelos conselhos e orientações.

À minha irmã Paloma Vidal, que se dedicou à leitura e a direcionamentos tão importantes.

A Luis Mattos, Thiago Silveira e Juliana Capdeville, que demonstraram dedicação e compromisso em cada detalhe deste projeto.

Aos amigos Igor Berro e Diego Batista, providos de grande profissionalismo e companheirismo.

A André Kawai, com sua inspiração diária.

A Sergio Ribeiro, Otávio Barreto, Gypsi Canetti, Cláudia Amorim, Vinícius Silva e Daniele Paraiso, do Senac RJ, que abraçaram com tanta generosidade este projeto.

Introdução
UMA JORNADA ALÉM DAS FRONTEIRAS

Esta obra é dedicada ao Japão, país cuja cultura sempre fascinou a todos no San. Em 2023 produzimos o documentário *Oshie San: uma viagem pela cultura japonesa*, resultado da jornada a terras nipônicas. Agora, o segundo sonho se realiza com a reunião de conhecimentos e dados neste livro.

Um dos países com maior população do mundo, em uma das menores extensões territoriais, seu rico legado cultural e o número de adeptos dessa culinária atraem a atenção de pessoas de todas as partes, tanto pela tradição quanto pelo sabor único. Para adentrar esse universo com tamanha riqueza de detalhes – cujas relações são tão profundas com o ambiente – até chegarmos aos sabores que conhecemos e que nos envolvem à mesa, é preciso explorar suas raízes culturais.

日本の道 · CAMINHO JAPONÊS

A cada local percorrido pelo país, percebemos como a geografia influi significativamente em sua biodiversidade. Nesse arquipélago, composto de quatro principais ilhas: Honshu, Hokkaido, Kyushu e Shikoku, e rodeado pelo Oceano Pacífico e pelas ilhas Oki, percebemos a influência fundamental da topografia montanhosa e das chuvas sobre a agricultura e a pesca, o que justifica as técnicas de cultivo nas encostas e de conservação desenvolvidas pelos japoneses.

Convidamos você a explorar de perto a geografia e a biodiversidade que moldam a culinária japonesa. Vamos juntos rever os passos iniciados em nossa viagem e levá-los nessa trajetória.

Montanhas e chuvas

As montanhas têm papel crucial no clima e, por conseguinte, na disponibilidade de ingredientes para a culinária.

Estamos falando de um país com planícies e formações vulcânicas, com destaque para regiões tais quais os proeminentes Alpes Japoneses. Essas cadeias montanhosas influenciam as condições climáticas, criando barreiras naturais que afetam o regime de chuvas. O índice pluviométrico varia de acordo com as regiões, sendo mais elevado na região Oeste como influência da estação chuvosa de monções. Essas condições climáticas impactam diretamente a agricultura e a produção de alimentos.

O cultivo em encostas de montanhas é uma prática comum, que otimiza o uso do terreno e aproveita a água das chuvas. Essa técnica agrícola, conhecida como "tanada", é frequentemente utilizada para o plantio de arroz, elemento fundamental da culinária japonesa. A topografia montanhosa também favorece as condições ideais de cultivo e é responsável pela produção de chás de alta qualidade, como o chá verde.

O índice pluviométrico está diretamente ligado à abundância de recursos hídricos, essenciais para a pesca e aquicultura. As correntes de água que descem das montanhas fornecem um habitat propício para a variedade de peixes, contribuindo para a riqueza de frutos do mar frescos na culinária japonesa.

Além disso, a topografia montanhosa do Japão inspirou a criação de técnicas de conservação de alimentos, como a fermentação e a produção de molhos especiais. Os moradores das montanhas desenvolveram métodos para preservar peixes e vegetais, muitas vezes usando o índice pluviométrico como parte do processo, e isso resultou em pratos distintos que espelham a inventividade local.

Biodiversidade marinha

Por ser um grande arquipélago, o Japão apresenta extensa e profunda relação com a vida marítima, cuja biodiversidade torna a gastronomia do país amplamente singular no contexto mundial. Os mares circundantes – como o Mar do Japão e o Mar Interior de Seto – e o Oceano Pacífico oferecem uma diversidade de habitats que sustentam a rica biodiversidade marinha.

A abundância de peixes, moluscos e frutos do mar nas águas japonesas estimula a culinária, representando a pesca uma atividade essencial. O Japão é famoso pelo consumo de peixe cru, que se reflete em pratos como sushi e sashimi. O frescor e a variedade de espécies disponíveis nas águas costeiras contribuem para a excelência desses pratos, sendo a culinária uma celebração frequente da simplicidade e da qualidade dos ingredientes marinhos.

A técnica de sashimi, que envolve cortar peixes ou frutos do mar em fatias finas e servi-los crus, destaca o frescor e a pureza do sabor natural dos frutos do mar. A diversidade de espécies, desde o atum maguro até o linguado hirame, disponibiliza ampla gama de sabores e texturas.

Os mares japoneses também guardam riquezas inconfundíveis da culinária em algas marinhas, como nori, wakame e kombu. Essas algas assumem importante função na culinária, pois são utilizadas em pratos como sushi, sopa de missô e ensopados. Além de adicionar sabor, elas trazem nutrientes valiosos que

destacam a abordagem equilibrada e nutritiva da alimentação japonesa.

A biodiversidade marinha também influencia métodos de preservação e fermentação, como o tsukemono, tipo de conserva em molho de soja, vinagre e sal, utilizado para frutos do mar. Técnicas de preservação como essa, muitas vezes derivada da tradição local de pesca, contribuem para a criação de sabores únicos e umami, termo que aprofundaremos mais adiante.

Ao adentrar esse universo de biodiversidade marinha, percebemos os desafios superados pelos japoneses e descobrimos os peixes e frutos do mar como grandes aliados da culinária autêntica e sustentável do país. A relação entre a vida marinha e os japoneses é extremamente próxima, assim como a forte agricultura desenvolvida em diversas regiões, que exploraremos ao longo do caminho. Como veremos, algo diferencia esse povo de outros quando se trata de representatividade cultural como unidade.

Os recursos naturais são inevitavelmente fatores fundamentais, mas não se mostram como únicos personagens no resultado de uma culinária com a riqueza de detalhes e sabores que conhecemos. Vamos adquirir conhecimento sobre o shun, a harmonia com a natureza e a importância da observação das estações do ano, tema que aprofundaremos a seguir, bem como a adaptação requerida a essas mudanças naturais que no fim aprimoram ainda mais as habilidades culinárias.

A observância das estações do ano

As estações do ano têm papel significativo na culinária japonesa, disponibilizando ingredientes frescos, aliado a técnicas de preparo e até mesmo a preferências de sabor. Essa relação harmoniosa entre a natureza sazonal e a alimentação é conhecida como shun, conceito essencial na tradição gastronômica japonesa.

Na primavera, a culinária destaca ingredientes como brotos de bambu, folhas de cerejeira em conserva (sakurazuke) e peixes como a carpa, que estão em sua melhor temporada. Esses ingredientes frescos, em muitas ocasiões incorporados em pratos especiais como sushis, simbolizam a renovação e a celebração da primavera.

O verão sugere pratos leves e refrescantes para aliviar o calor, como hiyashi chuka (macarrão frio) e somen (macarrão de trigo fino), além de frutas sazonais como melancia e melão. O unagi (enguia grelhada) é uma escolha popular durante o Doyo no Ushi no Hi, dia considerado auspicioso para o consumo de enguia.

No outono, os pratos refletem a colheita abundante e ficam mais substanciais. Cogumelos, abóboras, castanhas e o peixe sanma são ingredientes comuns nessa estação. O kaiseki, modalidade de alta culinária japonesa, muitas vezes incorpora sabores terrosos e ricos, característicos do outono.

O inverno destaca pratos reconfortantes e nutritivos. O nabe (cozido em panela) é uma escolha popular, em que diversos ingredientes são cozidos em um caldo quente compartilhado. Frutos do mar como ouriços-do-mar e caranguejo são apreciados nessa estação.

A importância das estações do ano na culinária japonesa não se limita à seleção de ingredientes, mas influencia a estética dos pratos, as técnicas de apresentação e até mesmo a escolha de utensílios. Essa conscientização sazonal revela a profunda conexão entre a cultura japonesa e a natureza, perfazendo uma experiência culinária que é simultaneamente deliciosa e respeitosa com as mudanças naturais que acontecem ao longo do ano.

A conservação de alimentos no inverno

O inverno japonês exerce influência marcante na produção de alimentos, favorecendo técnicas específicas de conservação fundamentais para garantir a disponibilidade de ingredientes no decorrer do ano. As baixas temperaturas e condições climáticas únicas respondem por um papel importante na criação de práticas alimentares distintas.

No inverno, a agricultura no Japão enfrenta desafios como temperaturas frias e a possibilidade de neve. Para contornar essas condições adversas, os métodos de conservação tornam-se essenciais na preservação da colheita excedente da temporada de outono. Metodologia proeminente é o uso de técnicas de fermentação e salga, como visto em pratos como nabe zuke (peixe em conserva) e tsukemono (vegetais em conserva).

O nabe zuke envolve preservar peixes em uma mistura de sal e arroz koji (fungo utilizado na fermentação). Esse método não apenas preserva o peixe, mas também enriquece seu sabor e sua textura, proporcionando uma fonte de proteína vital no inverno.

O tsukemono é preparado por meio de salga e fermentação. Esses acompanhamentos são essenciais para fornecer nutrientes e variedade no inverno, quando há menor disponibilidade de vegetais frescos. Além disso, a preservação de vegetais feita por técnicas de salga possibilita que eles sejam armazenados por longos períodos sem perder suas propriedades nutricionais.

A pesca também desempenha papel significativo na produção de alimentos conservados durante o inverno. A tradição de katsuobushi, em que o peixe bonito é seco, fermentado e defumado, resulta em flocos de peixe usados para preparar o dashi, caldo essencial na culinária japonesa. O katsuobushi, fonte duradoura de sabor umami, é uma base saborosa para sopas e molhos mesmo quando a pesca é desafiadora no inverno.

Voltamos da nossa viagem certos de que japonês é um povo que aprende com a natureza e que o Japão é um mundo de descobertas. Podemos dizer que o respeito e a gratidão desse povo com seu habitat talvez sejam o que embasa o resultado incomparável que vemos e que conecta culinária, estilo de vida e filosofia em um mesmo lugar. Juntos nesse percurso, traremos mais informação sobre onde essas evidências aparecem na história e na vida dos japoneses antes de as refeições chegarem à mesa.

Ao viajarmos por diversas regiões do país, descobrimos a unicidade dos ingredientes e sua alta qualidade, pois justamente nos alimentos adequados está o cerne do sucesso do processo culinário.

Regiões que cultivam ingredientes fundamentais

O Japão é um país caracterizado por diversas regiões com diferentes encargos na produção de ingredientes marcantes na culinária. Cada área geográfica contribui de maneira única para a diversidade e autenticidade dos sabores japoneses. A seguir, destacam-se algumas regiões notáveis e os itens marcantes cultivados nelas.

Wasabi de Izu em Shizuoka

A região de Izu, em Shizuoka, é famosa por produzir wasabi de alta qualidade. O clima ameno e as nascentes de água fresca são essenciais para o cultivo bem-sucedido dessa raiz picante e aromática. O wasabi é frequentemente utilizado como condimento para realçar o sabor do sushi e do sashimi.

Wagyu de Kobe em Hyogo

A carne de Wagyu, especialmente a de Kobe, é conhecida por sua textura marmorizada e seu sabor excepcional. A criação de gado Wagyu em Kobe beneficia-se das condições geográficas e do cuidado especial dado aos animais, o que resulta em uma carne macia e suculenta. O marmoreio da carne é uma característica peculiar e altamente valorizada dessa variedade de carne bovina japonesa. Diz respeito à intrincada rede de gordura entremeada na carne, que lhe confere uma textura incrivelmente macia e suculência, proveniente das práticas de criação e alimentação específicas da região.

Esse marmoreio é particularmente proeminente e uniforme, resultado do cuidadoso manejo e da alimentação dos animais da região, além de fatores genéticos específicos da raça. Esse padrão de gordura distribuída de modo delicado adiciona um sabor rico e intenso à carne, como também a torna bastante macia, quase derretendo na boca. O marmoreio da carne de Wagyu de Kobe é uma das razões pelas quais ela é tão valorizada e apreciada em todo o mundo, sendo considerada uma das melhores e mais exclusivas variedades de carne bovina disponíveis.

Arroz de Niigata

Niigata é reconhecida por produzir arroz de alta qualidade, fundamental para a culinária japonesa. O clima favorável e as águas limpas provenientes da neve derretida nas montanhas contribuem para o cultivo de arroz premium. O arroz de Niigata é utilizado na preparação de pratos como sushi, onigiri e saquê.

Chá de Uji em Kyoto

A região de Uji, em Kyoto, é famosa pela produção de chá verde de alta qualidade. O clima, o solo e as tradições de cultivo contribuem para a criação de chás distintos, como o matcha (matya). O chá de Uji é utilizado em cerimônias do chá, além de ser ingrediente-chave em diversas sobremesas e pratos salgados. O chá é um item tão importante e imponente na culinária japonesa, assim como os peixes e frutos do mar, que separamos um capítulo exclusivo sobre ele.

Peixes e frutos do mar de Hokkaido

Hokkaido, a maior ilha do Japão, é conhecida por sua rica oferta de frutos do mar. As águas frias e claras ao redor de Hokkaido são ideais para a pesca de peixes de alta qualidade, como ouriços-do-mar, caranguejos, vieiras e salmão. Esses frutos do mar são fundamentais na culinária japonesa, especialmente em pratos como sashimi e frutos do mar grelhados.

Sazonalidade da culinária

A culinária japonesa baseia-se em insumos e matérias-primas específicos, como arroz e peixe – itens indispensáveis na gastronomia nipônica –, e sua seleção é feita de acordo com a sazonalidade. A difusão dessa culinária no mundo criou a necessidade de importação e exportação dos ingredientes, para oferecer ao público de cada país receitas que seguissem a essência japonesa.

No Brasil, por exemplo, apesar das facilidades de cultivo promovidas pela biodiversidade, a popularização da gastronomia oriental exigiu movimentação contínua do mercado, sobretudo nos pescados.

Para nos aprofundarmos no tema, contamos com a colaboração de Thiago De Luca, CEO da Frescatto Company, parceira de longa data do San.

O papel da culinária japonesa como incentivadora do consumo de pescados no Brasil

por Thiago De Luca

A crescente popularidade da culinária japonesa no Brasil tem sido fator crucial para o aumento do consumo de pescados. Apesar de os primeiros restaurantes japoneses terem dado início às suas operações na década de 1950 e terem se popularizado nos anos 1990, foram os anos 2000 que consolidaram de vez a cultura da gastronomia nipônica em nosso país.

A chegada do sistema de rodízio – modalidade inovadora em que os clientes experimentam uma variedade de preparos e espécies diferentes – fez o brasileiro se encantar pelo consumo dessa culinária e o tornou mais receptivo à experimentação de outras opções de pescados.

Ainda assim, o protagonismo do salmão é inegável – o sabor suave, além da cor e textura únicas, conquistou o paladar do brasileiro. Nos últimos dez anos o consumo de salmão pelos brasileiros aumentou em quase 50%. Junto ao salmão, o atum também representa um dos principais impulsionadores do consumo de peixes em restaurantes japoneses – aproximadamente 60% do mix de produtos oferecidos por esses estabelecimentos é composto de um desses dois pescados.

Bastante diferente dos rodízios, os omakases – prática em que os clientes confiam a escolha dos pratos ao chef – vêm sendo mais e mais procurados pelos consumidores que buscam experiências gastronômicas surpreendentes e exclusivas. Nesse menu especial, é comum os chefs criarem preparos com espécies mais exclusivas, exóticas ou até mesmo com peixes locais que não sejam tão consumidos pelo grande público. A experiência personalizada dá a oportunidade de o cliente explorar novos sabores e desenvolver o paladar, com consumo cada dia mais frequente de novidades.

A indústria pesqueira traz mais números que mostram o consumo do pescado no Brasil por meio da gastronomia japonesa. Em 2023 e 2024, mais de 10% do consumo de peixes e frutos do mar no país se dão nos restaurantes japoneses. O Brasil conta com 16,7 mil pontos de venda especializados nessa culinária, número que representa 2,3% do mercado total de *food service* em quantidade de operadores. Em termos de faturamento, esses restaurantes geraram 12,8 bilhões de reais em 2022, o que equivale a 3,1% do total do segmento.

A alta rotatividade do pescado exigiu, também, técnicas precisas para atingir maior qualidade no país. Foi necessário desenvolver um sistema de abastecimento constante, eficiente e seguro que garantisse o fornecimento de produtos excepcionais para que os chefs pudessem inovar e desenvolver o melhor de suas gastronomias. O constante investimento em tecnologia e infraestrutura em todas as etapas da cadeia de frio – desde a pesca até a entrega – garante que os melhores peixes e frutos do mar cheguem às cozinhas dos restaurantes. Técnicas como o congelamento rápido e rastreamento em tempo real viabilizaram que pescados das mais diversas regiões fossem transportados com muita qualidade e segurança.

O pescado como solução para um futuro sustentável

Os peixes e frutos do mar, além de deliciosos, nutritivos e essenciais para a manutenção da saúde de pessoas de todas as idades, sem dúvida, são as fontes de proteína mais sustentáveis e responsáveis com o meio ambiente no longo prazo. No Japão, o consumo dos peixes, tradicional na gastronomia do país, não se dá apenas por questões comerciais; os japoneses entendem a importância dos nutrientes obtidos de cada alimento, principalmente dos peixes.

"Esperamos que a gastronomia japonesa no Brasil e no mundo seja cada vez mais celebrada e continue atuando como ponto-chave para o consumo de pescados. Estamos atentos às mudanças do mundo e ao papel central que a produção sustentável de proteínas representa para a manutenção do meio ambiente e o bem-estar das futuras gerações", afirma Thiago De Luca.

Nossa jornada passou por anos de dedicação e viagens anuais para conhecer a cultura japonesa em sua essência. Por isso, na última viagem pelo Japão, em 2023, renovamos nossa conexão com a culinária, com a cultura e com o povo japonês que, como ninguém, vive a natureza que prospera em suas mãos.

Esta obra não seria possível sem o apoio de pessoas que nos ajudaram a conhecer mais a fundo a cultura e a culinária japonesas. Cada um, com sua característica e seu campo de atuação, foi fundamental para alcançarmos o nosso objetivo. Assim, agradecemos ao chef André Kawai, a Cesar Yukio, César Calzavara, Leandro Ishibashi, William Albuquerque, Roberto Maxwell, Marcos Miura, Elinda Satie Date e Hiroyuki Takeoka.

Agora vamos começar a trilhar o caminho que viemos contar, pelo "coração" da cultura.

Washoku: a essência da identidade culinária do Japão

A riqueza nos detalhes, o sabor inconfundível e a harmonia dos ambientes, cuja cultura japonesa solidifica facilmente, seja em um restaurante balcão, seja em um mais estendido como o San Omakase, são embasados pela profunda essência cultural de uma culinária que se utiliza dos recursos naturais à medida que a cultura do país se desenvolve.

Apenas um povo que interage com o seu habitat, se relaciona desde cada ser vivo a cada ingrediente, com o respeito de aprender com eles, pode criar naturalmente uma das culinárias mais autênticas do mundo.

Vamos partir do centro, da essência, do fundamental. Foram anos desde a antiguidade até que a arte se conectasse com elementos que, combinados e convergidos, fizeram da culinária o seu modo de vida.

Bem-vindos a washoku, a essência da culinária japonesa.

O ponto básico de partida da culinária japonesa é o washoku. É bem provável que você já tenha ouvido falar do termo, mas sabe o que significa? Vamos explorar seu significado em aspectos culturais, sociais, gastronômicos e fundamentais.

Em sua etimologia, a palavra é formada por dois kanjis: 和 (wa), que significa "japonês" ou "harmonia", e 食 (shoku), que significa "comida" ou "refeição". Se quiséssemos, poderíamos dizer que significa, então, a harmonia que o japonês busca em seus alimentos. Mas, isso seria simplista. Washoku ultrapassa as barreiras da culinária, por isso precisamos ampliar sua definição.

Washoku é a cultura alimentar do Japão, transmitida de geração a geração desde a antiguidade. Essa cultura leva em consideração e valoriza, com gratidão, admiração e respeito, a fartura da mãe natureza, a variação das estações, a biodiversidade e seus desdobramentos culturais enraizados no dia a dia do povo.

A culinária washoku, mais do que mera expressão gastronômica, é um reflexo profundo da identidade, dos valores e da história do povo japonês. Esse sistema culinário, considerado patrimônio cultural imaterial pela Unesco desde 2013, transcende a mera satisfação do paladar por incorporar uma filosofia intrincada na vida do seu povo, uma relação íntima com a natureza e longa tradição histórica.

Raízes históricas: do princípio à base do washoku

O washoku, cujas raízes remontam ao período Nara (710-794), foi influenciado pelas práticas culinárias trazidas da China e da Coreia. Ao longo dos séculos, contudo, desenvolveu-se em formato distintamente japonês, moldado pela geografia do arquipélago, pela cultura indígena e por influências budistas e xintoístas.

Vale um aprofundamento na formação da cultura japonesa, cujos princípios milenares têm ascendência em cada parte da história. O período Nara, berço do desenvolvimento cultural e político do Japão antigo, durou dos anos 710 a 794 e foi marcado pela fundação da cidade de Nara, nomeada capital japonesa na maior parte desse período por influência da cultura chinesa.

Criaram-se marcos significativos da história. O governo centralizado foi estabelecido, o sistema de administração, reformado e o budismo, oficialmente adotado como religião estatal. A arte e a arquitetura também floresceram, com a construção de templos – que são preservados até hoje – e a produção de esculturas e pinturas budistas. Nesse período também surgiram as criações literárias mais antigas do Japão, iniciando a expansão da linguagem em sua forma escrita.

Fundamentos filosóficos: a conexão com a natureza e o respeito pelos ingredientes

No coração do washoku está a filosofia shun, que destaca a sazonalidade dos ingredientes. Segundo essa abordagem, cada ingrediente deve ser apreciado em seu auge de frescor, respeitando o ciclo natural das estações. A conexão com a natureza também está evidente no uso de produtos locais e sazonais, contribuindo para uma experiência culinária que é tanto a celebração da biodiversidade quanto uma expressão de respeito pela Terra.

Alinhada à filosofia shun está a prática de aproveitamento da comida sem desperdícios, premissa fundamental na cultura japonesa, que reflete não apenas eficiência na utilização de ingredientes mas também valores éticos e ambientais.

Mottainai: demonstração e valor aos recursos naturais

O conceito de mottainai, que pode ser traduzido como "não desperdiçar", permeia a abordagem japonesa em relação à comida. A filosofia do mottainai está enraizada na valorização dos recursos naturais, na gratidão pelos alimentos e na consciência sobre a quantidade de esforço envolvido na produção de cada ingrediente.

A utilização integral dos ingredientes

O washoku destaca a importância de utilizar integralmente os ingredientes, minimizando resíduos. Isso é evidente em práticas como o uso de cascas, talos e folhas que costumam ser descartados. Exemplos incluem o uso de partes "não nobres" do peixe em pratos como oshi-zushi (sushi prensado) e a utilização de todos os componentes do daikon (rábano japonês) em várias receitas.

Sazonalidade, um pilar demonstrativo da consciência ambiental

A atenção à sazonalidade, característica já citada do washoku, também contribui para a redução do desperdício. A escolha de ingredientes da estação maximiza o frescor, mas também ajuda a evitar excessos de produção e transporte, alinhando-se a uma consciência ambiental.

Fermentação e conservação, sabores complexos, sem desperdício

Técnicas de conservação, como fermentação, são frequentemente empregadas para prolongar a vida útil dos alimentos. O nukazuke, como podemos mencionar, é um método de conservação que utiliza cascas de vegetais e arroz em fermentação para criar condimentos saborosos. Essas práticas, além de evitarem o desperdício, adicionam sabores complexos a outros pratos.

Nas sobras, a elaboração

A habilidade de transformar sobras em novos pratos é uma prática comum. O bentô, refeição embalada que, em geral, se leva para o trabalho ou a escola, muitas vezes incorpora sobras de refeições anteriores, em clara demonstração de uma abordagem criativa e econômica.

O respeito pela comida e o umami

O washoku também fomenta uma cultura de respeito pela comida, em que a apresentação estética e o cuidado na manipulação dos ingredientes destacam a valorização intrínseca de cada elemento, desencorajando o desperdício.

Outra característica importante do washoku é o umami, um quinto sabor básico além dos outros quatro: doce, salgado, azedo e amargo. Típico da natureza oriental, foi descoberto no Japão pelo químico e professor Kikunae Ikeda e descrito como "sabor delicioso". Esse sabor, que ultrapassa a percepção gustativa habitual, é encontrado no dashi (caldo à base de peixe e algas), nas algas marinhas, nos cogumelos e molho de soja, ingredientes que ressaltam a riqueza e profundidade dos sabores, proporcionando a experiência culinária única que conhecemos.

Culinária e espiritualidade: uma relação milenar

A interconexão entre religião e culinária repercute os valores culturais e éticos que moldaram a tradição alimentar japonesa ao longo dos séculos. O washoku tem profunda relação com a espiritualidade e as crenças religiosas do Japão, interconexões seculares que cultuam uma tradição fundamentada em sólidos valores culturais.

A influência do xintoísmo e do budismo na culinária

As suas duas principais religiões, o xintoísmo e o budismo, exercem influência significativa na culinária. O xintoísmo, religião autóctone do Japão, está fortemente ligado à reverência pela natureza. As práticas xintoístas enfatizam a pureza e isso se reproduz na preparação dos alimentos. Muitos rituais xintoístas incluem oferendas de alimentos frescos e puros nos altares dos templos.

O budismo, introduzido no Japão pela China e Coreia, também desempenhou papel crucial na formação da culinária japonesa. A prática do vegetarianismo entre os monges budistas inspirou o desenvolvimento de pratos vegetarianos, como o shojin ryori, uma culinária vegetariana elaborada com atenção à estação e apresentação.

As sagradas ofertas alimentares

Nos templos budistas, a relação entre religião e culinária é evidente nas ofertas de alimentos, conhecidas como oshiki ou bukkiri. Essas ofertas consistem em pratos elaborados para os budas durante cerimônias e festivais. A meticulosa preparação desses pratos reflete a devoção, como também uma apreciação pela estética e pelo simbolismo na comida.

Harmonia e equilíbrio, a base do washoku

O conceito fundamental do washoku é a busca pela harmonia e pelo equilíbrio, valores que ecoam nos princípios encontrados tanto no xintoísmo quanto no budismo. A ênfase na sazonalidade, a valorização dos ingredientes locais e a apresentação estética dos pratos são manifestações desses princípios espirituais nas escolhas alimentares japonesas.

No xintoísmo, a reverência pela natureza é fundamental, o que se manifesta na importância dada aos ingredientes frescos e sazonais em washoku. O respeito pelos alimentos e o ato de prepará-los com cuidado são considerados expressão de gratidão aos deuses, tão generosos com a natureza.

No budismo, a ideia de impermanência e a valorização da simplicidade também influenciam o washoku. A prática budista de consumir alimentos de maneira consciente e moderada se alinha com a abordagem da culinária japonesa, que valoriza a apreciação dos sabores naturais e a moderação no consumo.

Além disso, o conceito de harmonia no xintoísmo e budismo está intimamente ligado a washoku. Neste, os pratos são cuidadosamente equilibrados em termos de sabor, cor e textura, para criar uma experiência gastronômica harmoniosa e satisfatória.

Kaiseki ryori: a alta culinária de washoku

O kaiseki ryori, forma sofisticada de culinária washoku, é muitas vezes comparado à alta gastronomia ocidental. Com raízes nos banquetes servidos nos templos budistas, o kaiseki é uma experiência gastronômica meticulosamente coreografada, com uma sucessão de pratos que seguem as estações e evidenciam simplicidade, equilíbrio e estética.

Cerimônia do chá: a expressão de um estilo de vida

A cerimônia do chá, intrinsecamente ligada ao washoku, é uma expressão artística que incorpora princípios de harmonia, respeito, pureza e tranquilidade. O chá é acompanhado por wagashi, doces japoneses que seguem os princípios estéticos do washoku e celebram tanto a sazonalidade quanto a beleza impermanente, tema que aprofundaremos mais à frente.

Os desafios contemporâneos: rumo à preservação da sustentabilidade

Enquanto o washoku permanece enraizado em suas tradições, a globalização trouxe novas influências e desafios para a preservação da autenticidade da cultura culinária japonesa e sustentabilidade dos seus princípios, tornando-se uma preocupação crescente, especialmente à medida que o washoku se espalha para além das fronteiras japonesas.

Yoshoku, criatividade e adaptabilidade culinária japonesa

No universo culinário japonês, o termo yoshoku refere-se a uma categoria de pratos que representa a adaptação da culinária estrangeira aos gostos e ingredientes japoneses. Essa fusão culinária entre Ocidente e Oriente, que se originou no fim do século XIX, propicia uma perspectiva única sobre a influência estrangeira na cozinha tradicional japonesa, que é facilmente perceptível também nas sobremesas japonesas.

ORIGEM E EVOLUÇÃO

O termo yoshoku está relacionado a tudo o que a culinária japonesa incorporou do estrangeiro e sua introdução está ligada ao período de modernização e ocidentalização durante a era Meiji (1868-1912). Nesse período houve abertura para elementos culturais estrangeiros, incluindo a culinária ocidental, incorporada aos hábitos alimentares japoneses.

INFLUÊNCIAS REPRESENTATIVAS

Entre os pratos yoshoku mais conhecidos estão o kare raisu (curry com arroz), adaptação do curry indiano; o omuraisu (omelete com arroz), variação da omelete francesa com recheio de arroz e molho; o hambagu (hambúrguer japonês), feito para comer com vegetais cozidos e arroz; e o tonkatsu (milanesa de porco), principais variações de pratos ocidentais adaptados ao paladar japonês.

SABORES JAPONESES

O yoshoku mantém a essência de pratos estrangeiros, mas frequentemente incorpora ingredientes locais e ajusta os sabores para se alinhar aos gostos e valores japoneses. O uso de molhos à base de soja, a adaptação de temperos e a ênfase na apresentação estética são características marcantes desse estilo culinário.

POPULARIDADE E DIVERSIDADE

Os pratos yoshoku, que conquistaram grande popularidade no Japão, são encontrados em restaurantes especializados, bistrôs e até mesmo em cardápios familiares. A diversidade de opções nessa categoria reflete a capacidade de a culinária japonesa assimilar e reinventar agora com base em pratos estrangeiros, integrando-os à cultura alimentar do país.

CONTÍNUA INFLUÊNCIA

Apesar de sua origem histórica, o yoshoku continua a evoluir e incorpora tanto novas influências quanto adaptações contemporâneas. A culinária yoshoku não apenas oferece uma experiência gastronômica deliciosa, mas destaca a capacidade única do Japão de incorporar elementos estrangeiros de maneira distinta e criativa, reinventar-se e reconstruir o que for preciso para a melhoria de vida do seu povo.

Chás: conexão entre arte, tradição e espiritualidade

A cultura em torno do chá no Japão promoveu um lugar poderoso entre o humano e a transcendência. O ritual leva o chá do lugar de consumo para uma experiência de conexão com o espiritual – enriquecida por detalhes estéticos que refletem a importância do cuidado nesse estilo de vida tão natural – e a coexistência entre beleza, medicina e espiritualidade.

Essa experiência com o chá adentrou a sofisticação e o fez pelas portas aristocráticas, assim como se converteu em arte e preservou simplicidade, humildade e harmonia em diversas classes e ambientes. Os rituais e práticas com os chás têm papel importante na culinária japonesa e transmitem boa parte do estilo de vida da cultura milenar.

Vale contar a história dos chás no Japão, jornada fascinante que remonta a séculos, entrelaçando-se com a cultura, filosofia e cerimônia do chá. Desde suas raízes na China até a formação de práticas únicas japonesas como o chanoyu (cerimônia do chá), a trajetória do chá no Japão é uma narrativa rica em tradição e significado cultural.

Breve história do chá no Japão

Origem e introdução no Japão: períodos Nara e Tang

A história do chá no Japão começa no período Nara quando a bebida foi trazida da China por monges budistas. Esses monges, que estudavam na China na dinastia Tang, trouxeram consigo tanto o conhecimento budista quanto a prática de beber chá, ao qual se creditavam propriedades revitalizantes e que, por tal motivo, era consumido de forma medicinal.

Ascensão no período Heian: cultura aristocrática e influências estéticas

No período Heian (794-1185) o consumo de chá se expandiu para a aristocracia japonesa, passando a ser parte integrante dos rituais cortesãos. Nesse período o método de fazer chá foi refinado e a cultura em torno da bebida começou a adotar elementos estéticos e filosóficos.

Influência de Eisai e a ascensão do chá Zen: período Kamakura

No final do período Heian e início do período Kamakura (1185-1333), o monge Eisai foi responsável pela promoção do chá no Japão. Ele introduziu o conceito de chanoyu (cerimônia do chá) e enfatizou os benefícios medicinais e espirituais dessa bebida. A ascensão do zen budismo também foi vital nesse período, integrando o chá como parte de seus ensinamentos.

O período Muromachi e a transformação da cerimônia do chá

No período Muromachi (1336-1573), o chá se tornou uma prática mais acessível à classe guerreira e deixou de ser exclusividade da aristocracia. Foi nesse período que Sen no Rikyū, mestre da cerimônia do chá, transformou a prática em um tipo de arte. A cerimônia do chá evoluiu para o chanoyu, uma experiência estética e espiritual profundamente enraizada no budismo.

Chá em tempos modernos: séculos XVII ao XXI

O chá continuou a se difundir nos séculos XVII e XVIII, passando a figurar como parte integrante da cultura japonesa. No século XX sofreu algumas transformações, especialmente após a Segunda Guerra Mundial. O chá instantâneo ganhou popularidade, proporcionando uma alternativa conveniente ao preparo tradicional.

Hoje, a cerimônia do chá mantém sua relevância cultural, e o Japão é conhecido mundialmente por seus chás verdes de alta qualidade, como o matcha. O chá é uma expressão de arte, espiritualidade e conexão com a tradição japonesa, não somente uma bebida.

A riqueza e a diversidade dos chás japoneses refletem a complexa trama da tradição e inovação que permeiam a cultura japonesa. Da sutileza do matcha à refrescância do sencha, que veremos logo a seguir, cada variedade tem sua história, seu método de produção e perfil de sabor único.

Os tipos de chá japoneses

Genmaicha: chá com arroz tostado

Gyokuro: a joia do chá verde

Hojicha: a profundidade do sabor tostado

Genmaicha (guenmaitya) é uma mistura única de chá verde sencha e arroz tostado, às vezes combinada com grãos de milho-pipoca. Originário da época em que o arroz era usado para estender a oferta de chá, o genmaicha apresenta um sabor rico e agradável. Essa variedade é apreciada por sua complexidade e muitas vezes considerada reconfortante.

Gyokuro é uma variedade de chá verde japonesa conhecida por sua qualidade superior e seu método de cultivo peculiar. Antes da colheita, as plantas de chá são cobertas por sombras durante aproximadamente vinte dias. Isso reduz a fotossíntese, aumentando a produção de clorofila e aminoácidos. O resultado é um chá de sabor doce, intenso e com uma suavidade que se destaca até mesmo entre os chás verdes.

Hojicha (houjitya) destaca-se por seu sabor tostado, resultado de um processo específico de torrefação. Normalmente, é feito de folhas mais velhas e troncos da planta de chá. A torrefação cria uma infusão de cor âmbar, com notas suaves e amadeiradas. Por seu baixo teor de cafeína, o hojicha é muitas vezes apreciado no decorrer do dia, até mesmo à noite.

Kukicha: o chá dos troncos e galhos

Kukicha (koutya) é feito de troncos e galhos da planta de chá, resultando em uma infusão única e suave. Com sabor mais leve e menos cafeína em comparação com outros chás verdes, o kukicha é uma opção popular para aqueles que buscam uma experiência de chá mais suave.

Esses tipos de chás japoneses não apenas oferecem uma gama diversificada de sabores, mas também incorporam a tradição e a precisão que caracterizam a cultura japonesa. Do ritual refinado do matcha à simplicidade reconfortante do genmaicha, cada chá conta uma história única, enraizada em séculos de prática e apreciação.

Matcha: a cerimônia do chá em pó

O matcha é um dos tipos mais emblemáticos de chá japonês, associado à cerimônia do chá (chanoyu). Produzido de folhas de chá verde pulverizadas, o matcha é conhecido pela textura fina e pelo sabor concentrado. Sua produção envolve sombreamento das plantas de chá, colheita cuidadosa e moagem lenta em moinhos de pedra. Além de bebida, o matcha é também utilizado na culinária, em sobremesas, lattes e pratos salgados.

Sencha: a cotidiana delicadeza

Sencha, o chá verde mais consumido no Japão, caracteriza-se por seu sabor fresco e brilhante. Produzido de folhas jovens e tenras, colhidas na primavera, o sencha é submetido a vaporização imediata para preservar sua cor verde vibrante e seus nutrientes essenciais. As folhas são então enroladas e secas, o que resulta em um chá que encarna a essência da natureza.

Como preparar os principais chás verdes

Quanto ao preparo dos chás verdes, é possível realizar via infusão ou diluição. A seguir, um passo a passo para preparo dos principais tipos verdes do Japão:

Bancha (bantya)

O bancha é um chá verde mais robusto e com sabor mais terroso. Aqueça a água entre 70 °C e 80 °C e adicione as folhas de bancha em uma xícara ou um bule. Deixe em infusão por 2-3 minutos para um sabor encorpado.

Genmaicha (guenmaitya)

O genmaicha combina chá verde com arroz torrado, proporcionando um sabor único e agradável. Aqueça a água entre 70 °C e 80 °C, então adicione as folhas de genmaicha em um bule. Deixe em infusão por 2-3 minutos para um sabor equilibrado entre o chá e o arroz torrado.

Hojicha (houjitya)

O hojicha é torrado, o que resulta em um sabor suave e tostado. Aqueça a água entre 90 °C e 95 °C e adicione as folhas de hojicha em um bule. Deixe em infusão por 3-5 minutos para extrair seus sabores ricos e aromáticos.

Kukicha (koutya)

Feito de talos e ramos de chá verde, o kukicha tem sabor leve e refrescante. Aqueça a água entre 70 °C e 80 °C e adicione as folhas de kukicha em uma xícara ou um bule. Deixe em infusão por 2-3 minutos para obter um sabor suave e delicado.

Matcha (matya)

O matcha é um pó fino de chá verde que requer uma técnica especial de preparo. Aqueça a água entre 70 °C e 80 °C. Coloque uma quantidade adequada de matcha em uma tigela e adicione água quente. Em seguida, use um batedor de bambu para misturar vigorosamente até formar uma espuma cremosa.

Midoricha (midoritya)

O midoricha é conhecido pelo sabor doce e vegetal. Aqueça a água entre 70 °C e 80 °C e adicione as folhas de midoricha em uma xícara ou um bule. Deixe em infusão por 1-2 minutos para um sabor suave e refrescante.

Quanto à diluição, recomenda-se experimentar diferentes proporções de chá e água para encontrar o equilíbrio de sabor desejado para cada tipo de chá japonês. Geralmente, uma colher de chá de folhas de chá por xícara de água é uma boa medida inicial, mas ajuste como for de sua preferência.

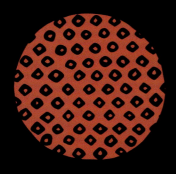

Saquê: a celebração em torno da complexidade sensorial

A expansão da harmonização e do equilíbrio foi um processo em constante desenvolvimento na história do Japão. O resultado dessa manipulação sincronizada de elementos naturais converge para a ampliação de técnicas ao longo do tempo e nos traz hoje, por exemplo, o saquê, como o conhecemos.

Essa bebida milenar, chamada em japonês de *nihonshu*, ganha versatilidade e interação harmônica com os alimentos à medida que aumenta sua popularidade com o passar dos anos, transcendendo fronteiras culturais e ampliando os horizontes culinários para uma complexidade sensorial singular.

日本の道 · CAMINHO JAPONÊS

A experiência gustativa desenvolvida há mais de dois mil anos evolui de era em era, refinando a experiência de sabor, aroma e textura, como também adicionando uma dimensão de celebração ao sensorial. Ao combinar o tipo de saquê com cada alimento, é notável como a harmonização bem-sucedida ressalta o frescor dos peixes, equilibra sabores e corta a gordura de pratos finos.

Nesse ponto do caminho, celebramos o poder da harmonização da cultura nipônica com o toque versátil do saquê, acompanhando sua evolução na história e os ganhos que trouxe à culinária japonesa, beneficiando-nos com notas e toques únicos que fornecem uma experiência singular.

Para entender mais sobre o saquê e suas características, contamos com a colaboração rica e técnica de Leandro Ishibashi. Eterno apaixonado pela arte dos saquês, ele demonstra conhecimento profundo sobre a tradicional bebida japonesa, que transcende as linhas culturais do país. Shiba, como é conhecido, assina as cartas de saquê do San e San Omakase.

Breve história do saquê
por Leandro Ishibashi

O saquê é uma bebida alcoólica tradicional japonesa "fermentada", com teor alcoólico entre 14% e 16%, e sua rica história remonta a milhares de anos. Seu intrincado processo de produção reflete a habilidade e a tradição do povo japonês.

A origem do saquê pode ser rastreada até o período Yayoi (300 a.C.--300 d.C.), quando a técnica de fermentação do arroz foi introduzida no Japão. No entanto, foi no período Nara, também na chegada dos chás ao Japão, que a produção de saquê se consolidou, com templos e santuários desempenhando papel fundamental na sua fabricação. Monges budistas aprimoraram as técnicas de fermentação e destilação, com isso transformaram o saquê em uma oferta ritualística e espiritual.

No período Heian, o saquê evoluiu para uma bebida popular entre a aristocracia. A produção estava concentrada em templos e propriedades imperiais, mantendo a conexão com o divino. O desenvolvimento das técnicas de polimento do arroz no período Edo (1603--1868) resultou em saquê de qualidade superior, conhecido como Ginjo. Nessa época, surgiram as primeiras casas de saquê, chamadas sakagura, que estabeleceram a base para a indústria moderna.

A Revolução Meiji (1868-1912) trouxe mudanças significativas com a industrialização e a introdução de tecnologias ocidentais. Isso impactou positivamente a produção de saquê, tornando-a mais eficiente. Durante a Segunda Guerra Mundial, houve escassez de arroz e restrições na produção de saquê; após a guerra, porém, a indústria se recuperou, incorporando avanços tecnológicos e métodos de fermentação controlada.

Hoje o saquê é apreciado mundialmente. A classificação junmai, que indica saquê puro de arroz, e as variações tais quais daiginjo e honjozo, demonstram a diversidade e a qualidade dessa bebida. Festivais de saquê, como o Nada no Kenka Matsuri, celebram a tradição e a cultura em torno dessa icônica bebida japonesa, destacando sua importância contínua na sociedade contemporânea.

Tipos de arroz

Existem dois tipos de arroz (*mai*) utilizados para a fabricação do saquê:

- Shokumai – utilizado tanto para comer quanto para produzir o saquê, representa 70% de toda a produção do Japão. Normalmente, observamos que o amido (parte branca do arroz), responsável pelo umami, fica espalhado pelo grão de arroz.

- Sakamai – plantado especificamente para a produção do saquê, representa 30% da produção total do Japão. Esse tipo de arroz concentra o seu amido no núcleo do grão de arroz, por isso o saquê é mais rico em umami. As principais espécies de arroz para a produção do saquê são o yamadanishiki, gohyakumangoku e miyamanishiki.

Tipos de saquê

NAMAZAKE

Saquê não pasteurizado, geralmente engarrafado fresco. Seus sabores são mais vívidos e sua textura, mais efervescente em razão da presença de enzimas ativas não inibidas pela pasteurização.

NIGORI

Saquê de aspecto turvo, com partículas de arroz não filtradas. Pode ser pouco ou muito filtrado.

Categorias de saquês segundo o seimaibuai

O universo dos saquês japoneses, vasto e complexo, representa a diversidade de métodos de produção, ingredientes e tradições regionais. Vamos explorar suas principais categorias, seus processos de fabricação e as classificações que caracterizam essa bebida única.

Um detalhe importante a saber é o grau de polimento do arroz ou seimaibuai. Para a produção de saquê, todo arroz deve ser polido para retirar os minerais do grão, principalmente o ferro, e, assim, obter uma bebida mais pura e sem oxidação.

O arroz é polido para remover camadas exteriores, deixando apenas o núcleo. Quanto mais polido, mais refinado é o saquê. O aproveitamento do arroz para a produção do saquê é proporcional ao seu grau de polimento e é por essa escala que se formam as categorias de saquê.

CATEGORIAS DE SAQUÊ

Arroz utilizado (%) (normalmente descrito no rótulo da garrafa)	Sem adição de álcool destilado	Com adição de álcool destilado
Mais de 71%	Junmai	–
	São saquês para o dia a dia e é utilizado somente o arroz do tipo shokumai (serve para comer e fazer saquê), blend de shokumai e blend de shokumai com sakamai (específico para saquê).	
61% a 70%	Junmai	Honjozo
Condições especiais **Especial**	Tokubetsu junmai	Tokubetsu honjozo
	• Utilizar até 60% do arroz do tipo shokumai, independentemente do grau de polimento. • Utilizar 100% do arroz do tipo sakamai, independentemente do grau de polimento. • Processo especial ou diferenciado da fábrica que vem descrito no rótulo.	
51% a 60% **Premium**	Junmai ginjo	Ginjo
	Fermentado em baixas temperaturas durante um longo período. Tem características aromáticas, sabor frutado e delicado.	
1% a 50% **Super Premium**	Junmai daiginjo	Daiginjo
	Confere um sabor rico, aromático e frutado. É fermentado em temperaturas menores que o ginjo.	

DAIGINJO

Daiginjo é feito com 1% a 50% de seu grão original de arroz polido. Após o cozimento ele é fermentado em temperaturas mais baixas que as do saquê ginjo.

Considerado o ápice da qualidade, o resultado é uma bebida excepcionalmente complexa, muitas vezes associada a notas delicadas, sofisticadas e elegantes.

GINJO

Ginjo é feito com 51% a 60% do grão de arroz polido. Após o polimento, o arroz é cozido e fermentado em baixas temperaturas por um longo período.

Esse processo dá origem a um saquê mais refinado e aromático, com nuances frutadas e florais.

HONJOZO

Honjozo é todo saquê feito com arroz, água, koji, levedura e uma pequena quantidade de álcool destilado que é adicionado durante o processo de fabricação. Isso confere ao saquê uma textura mais leve e refrescante.

Essa é a principal diferença antes de seguir adiante, ou seja, veremos que todo saquê sem adição de álcool destilado terá o termo junmai acrescido em sua descrição, como: tokubetsu junmai, junmai ginjo ou junmai daiginjo.

JUNMAI

Junmai é todo saquê feito apenas com arroz, água, koji e levedura. Esse é saquê puro de arroz, sem adição de álcool destilado. O aproveitamento do arroz geralmente é de até 85%, o que resulta em uma bebida mais robusta e encorpada.

TOKUBETSU

Tokubetsu diz respeito a um saquê que contenha algo de especial ou diferenciado em seu processo de fabricação, normalmente descrito em seu rótulo. É comum o fabricante classificar o saquê como tokubetsu quando se utiliza 100% de arroz do tipo sakamai, independentemente do grau de polimento.

Produção do saquê

LAVAGEM E USO DE ENZIMAS

Depois de lavado e cozido, adiciona-se o koji-kin (fungo) para promover a fermentação e converter parte do arroz em açúcar. Em seguida, as leveduras são adicionadas para transformar o açúcar em álcool.

PRENSAGEM E FILTRAGEM

O líquido resultante é prensado para separar o saquê do bagaço. Alguns saquês são filtrados para remover partículas sólidas.

PASTEURIZAÇÃO E ENVELHECIMENTO

Muitos saquês passam por pasteurização para estabilizar a bebida. Alguns são envelhecidos para desenvolver sabores mais complexos.

A unicidade e a versatilidade do saquê

A arte de harmonizar o saquê com alimentos é uma experiência sensorial que transcende fronteiras culturais, explorando a rica tradição japonesa e ampliando os horizontes culinários.

A harmonização do saquê vai além de simplesmente combinar sabores: é uma celebração da herança japonesa e da versatilidade dessa bebida milenar. Ao explorar as intrincadas relações entre diferentes tipos de saquês e pratos diversos, os amantes da culinária descobrem um mundo fascinante de experiências gustativas que elevam cada garfada e gole a uma experiência especial e memorável.

Cada tipo de saquê exibe características únicas, desde o encorpado junmai até o refinado daiginjo. Compreender os sabores, aromas e texturas é crucial para uma harmonização bem-sucedida.

A acidez e o dulçor do saquê são os maiores responsáveis pela harmonização. Saquês mais encorpados podem complementar pratos mais gordurosos, enquanto os mais doces podem equilibrar sabores picantes e salgados.

Saquês e harmonização: dicas e estratégias

SASHIMI E SUSHI

Saquês leves, como Ginjo-shu, ressaltam o frescor do peixe. Para sushis mais intensos, um Honjozo-shu equilibrará os sabores.

PRATOS FRITOS E TEMPURA

A efervescência de um namazake ajuda a cortar a gordura de pratos fritos, enquanto um junmai envelhecido pode proporcionar complexidade de sabores, tornando-se mais rica em sabor, aroma e textura.

PRATOS PICANTES E CONDIMENTADOS

Saquês mais doces, como um nigori, podem amenizar a intensidade dos pratos picantes, criando uma harmonia equilibrada.

CARNES GRELHADAS E ASSADAS

Um junmai robusto ou um Yamahai-shu acentua os sabores intensos das carnes grelhadas, enquanto um daiginjo suave oferece contraste.

QUEIJOS E APERITIVOS

Saquês envelhecidos, com notas de nozes e toques amadeirados, podem complementar a riqueza dos queijos e possibilitam uma experiência singular.

KAISEKI E MENU DEGUSTAÇÃO

Kaiseki harmoniza perfeitamente com saquês selecionados, destacando a diversidade de sabores em cada prato.

Explorando os conhecimento

Explorar saquês de diferentes regiões e produtores favorece uma jornada muito interessante, revelando nuances específicas que podem complementar pratos de maneiras surpreendentes. Participar de eventos dedicados ao saquê assegura a oportunidade de experimentar diversas combinações, guiadas por especialistas que destacam a complexidade da harmonização.

Neste momento, vamos ultrapassar as fronteiras do saquê e conhecer mais sobre outras bebidas que compõem a trindade no Japão. Para tal, contamos com o artigo de Roberto Maxwell, apaixonado pesquisador da gastronomia japonesa, carioca radicado no Japão desde 2005, onde fez carreira como produtor de vídeos, escritor, jornalista e guia de turismo.

A santíssima trindade das biritas japonesas
por Roberto Maxwell

Saquê é uma das palavras de origem japonesa mais recorrentes no vocabulário dos brasileiros. A caipisaquê, adaptação da nossa caipirinha, tornou-se um dos drinques mais populares do país. Em japonês, porém, *sake* – grafado dessa forma – quer dizer "bebida alcóolica". Na sua versão original, *sake* é a palavra genérica para cerveja, uísque, cachaça, vinho e, claro, o saquê que a gente conhece.

Aliás, saquê é tão sinônimo de Japão quanto sushi. O fermentado é sempre lembrado quando se fala de gastronomia japonesa, ainda que não seja a única bebida alcoólica nacional da Terra do Sol Nascente. No panteão do mundo etílico, brilham junto ao saquê dois destilados: o shochu e o awamori. No Japão, essa trinca é chamada de *kokushu*, algo como "bebida alcoólica nacional".

Embora as três bebidas sejam diferentes entre si, existe algo que as une: o koji, família de fungos largamente utilizada na cultura gastronômica japonesa. O microrganismo está presente na fermentação que dá origem aos três kokushu, bem como na produção de ingredientes tais quais o missô e o shoyu. Ele tem a atribuição primordial de transformar o amido em açúcares simples que, depois, serão consumidos pelas leveduras e transformados em álcool. Além disso, o koji também influencia o sabor, adicionando umami ao produto final.

O saquê é o mais antigo dos três kokushu. Existem registros de sete mil anos atrás que dão conta da existência de fermentados de arroz na China. No Japão, é bem provável que a técnica de fermentar o arroz para produzir álcool tenha chegado há cerca de 2,5 mil anos, juntamente aos conhecimentos de cultivo do cereal. Registros do século III da era atual mostram que os habitantes do arquipélago japonês consumiam uma bebida que poderia ser um tipo de saquê.

O fermentado era consumido tanto pela aristocracia quanto pelo cidadão comum, ainda que com variações de qualidade. A bebida aparece em registros de cerimônias religiosas e em diversas lendas, muitas vezes como dádiva dos deuses para a humanidade. Nas casas, o preparo da bebida era função das mulheres, assim

como a produção do molho de soja shoyu e da pasta de soja missô. A diferença é que o mosto de fermentação não era filtrado, dando origem ao doburoku, que era ao mesmo tempo alcoólico e rico em nutrientes. Essa produção caseira deixou de existir no século XIX, quando o Estado passou a proibir a produção de bebidas alcoólicas sem licença.

O shochu e o awamori, por sua vez, têm história mais recente. As técnicas de destilação foram criadas no Oriente Médio e chegaram ao Japão muito provavelmente pela China ou pela Península da Coreia. Sabe-se que o awamori, produzido apenas no arquipélago de Okinawa, é mais antigo que o shochu. Registros coreanos de 1477 contam que uma bebida destilada foi trazida das ilhas de Ryukyu – nome ancestral de Okinawa – para apreciação da corte de Joseon. Os escritos dizem que o awamori da época tinha sabor parecido com o do soju, um destilado coreano, e que apenas alguns copos poderiam deixar alguém muito bêbado.

O registro mais antigo do shochu foi feito algumas décadas depois. Pouco tempo antes de ir ao Japão, o missionário espanhol Francisco Xavier pediu ao comandante Jorge Alvarez que lhe relatasse sua experiência de viagem ao arquipélago japonês. Alvarez contou, entre outras coisas, que os japoneses da época bebiam um tipo de destilado. Mesmo não tendo visto ninguém fora de sua consciência pelas ruas, parece que o shochu era de fato uma bebida popular. No ano de 1559, dois carpinteiros deixaram registrado em uma placa de madeira escondida no teto de um santuário xintoísta de Kagoshima que o monge-chefe do local era tão mesquinho que nem oferecia shochu aos trabalhadores.

Nos tempos atuais, nenhum japonês pode reclamar da falta de bebidas alcoólicas no dia a dia. O saquê, o shochu e o awamori estão disponíveis no país em restaurantes, izakayas, lojas físicas e online para quem quiser consumi-los. Fora do país, incluindo o Brasil, as três bebidas estão cada vez mais acessíveis, embora pouca gente saiba exatamente o que está bebendo.

Saquê

O típico fermentado japonês ficou conhecido no Brasil como saquê. Seu teor alcoólico médio é de 14% – pouco maior que o do vinho e mais que o dobro do da cerveja – e seus ingredientes principais são o arroz e a água.

O método de produção do saquê é único. O mosto, que emprega como matéria-prima um cereal que não tem açúcares simples, precisa passar por dois processos específicos: a sacarificação, em que o koji transforma amido em glicose, e a fermentação alcoólica, na qual a glicose vai virando álcool sob o comando das leveduras. É o mesmo que se dá com a cerveja, com uma diferença: enquanto a fermentação da loirinha é feita em duas etapas separadas, no saquê os dois processos ocorrem quase ao mesmo tempo, no mesmo tanque. É uma incrível sinergia entre os microrganismos para gerar a bebida!

A variedade de arroz usada na produção do saquê é a japonica. Bebidas de alta qualidade costumam ser produzidas com variedades especiais, chamadas em japonês de *sakamai*. Nelas, o amido fica mais concentrado no centro do grão, o que facilita a ação do koji. O sakamai mais utilizado na produção de saquê é o yamada nishiki, que tende a originar bebidas com mais corpo e umami.

Inicialmente o arroz é polido, e essa é uma etapa muito importante na produção do saquê. O grau de aproveitamento do arroz vai definir algumas das características do produto final. Quanto mais polido for o grão – ou seja, quanto menos dele for aproveitado –, mais refinado será o saquê, com menos corpo e sabores mais frutados e cristalinos. Isso acontece porque, ao retirar mais partes do arroz, é possível se aproximar da concentração de amido existente no centro do grão. O polimento elimina as proteínas e gorduras presentes nas partes mais externas do arroz, que trazem mais corpo e notas de cereal à bebida.

Produzido na maioria das ocasiões em regiões de temperatura mais baixa no arquipélago japonês, o saquê quase sempre utiliza o koji amarelo no processo de fermentação. Ele costuma deixar a bebida mais leve e relativamente seca, com baixíssima acidez. Já as leveduras afetam principalmente os aromas do saquê. São diversos tipos utilizados de acordo com o processo de produção e as intenções do toji, o mestre de saquê, para o produto final.

UM UNIVERSO DE SABORES E AROMAS

Apesar de feito basicamente com arroz e água, o saquê é uma bebida com características variadas. A depender do tipo de saquê, as notas de sabor e aroma, o frescor, o corpo e até mesmo a cor do produto serão distintos. Por exemplo, saquês com menor aproveitamento do arroz são chamados de ginjo (60% a 51% do grão) e daiginjo (metade ou menos). Essas categorias são conhecidas por incluírem saquês leves e aromáticos.

Em casos especiais, o saquê pode receber um ingrediente de reforço: o álcool destilado, quase de cana-de-açúcar. Nos saquês do tipo honjozo, como podemos citar, a adição do ingrediente traz um perfil mais seco para a bebida, além de incrementar os aromas. A propósito, o saquê de alta qualidade (com aproveitamento do arroz de 70% ou menos) que não leva álcool adicionado é chamado de junmai, ou seja, puro arroz.

Ultimamente, muitas fábricas de saquê, em especial as artesanais, estão buscando no passado inspiração para produzir bebidas de maior apelo ao consumidor. Entre os resgates estão os métodos de produção natural do shubo, o starter de fermentação. É comum que as fábricas de hoje em dia utilizem ácido lático pronto na montagem do shubo, o que agiliza o tempo total de fermentação em pelo menos uma semana, além de ser um modo seguro de estabilizar o mosto que dará origem ao saquê.

Nos métodos naturais, o ácido lático é produzido por bactérias do ambiente da fábrica, que são cultivadas à mão pelos trabalhadores da fábrica. Kimoto e yamahai são alguns dos métodos antigos mais utilizados nos dias de hoje e seu uso não é apenas uma modinha. Saquês produzidos com bactérias láticas naturais tendem a ter sabores mais profundos e intensos.

Mesmo no processo de finalização do saquê é possível criar novos sabores e texturas. Depois da fermentação – que pode durar de três a seis semanas –, o mosto é prensado para separar o líquido (saquê) e os sólidos (borra). Depois, o líquido passa por um processo de sedimentação, para que as partículas que sobram sejam jogadas no fundo do tanque de armazenamento; por fim, é feita a filtragem com uso de carvão ativado. Quando o produtor decide deixar um pouco do sedimento sólido do saquê no produto final temos um nigorizake, cuja característica mais típica é o sabor e/ou aroma lático mais pronunciado.

Depois da filtragem, o saquê vai para a pasteurização, quase sempre realizada duas vezes: uma no tanque de armazenamento e outra na garrafa. A ideia aqui é estancar o processo de fermentação e estabilizar a bebida. No entanto, muitas fábricas guardam pequena parte da produção para engarrafar sem a pasteurização. Esse saquê ainda "vivo", e sem o tempo de maturação normalmente dado à bebida, é chamado de namazake e costuma ter como característica principal o frescor.

Afinal, o saquê vai para a maturação, processo que leva cerca de um ano. Desse ponto em diante a maior parte dos saquês está pronta para o consumo. Mais recentemente, porém, alguns produtores retomaram a prática antiga de envelhecer a bebida, uma experiência que tem trazido resultados interessantes. Esses saquês envelhecidos em barris, tanques metálicos ou na própria garrafa são chamados de koshu. A característica mais marcante desse tipo de saquê é a cor, que tende a ficar amarela, cobre ou âmbar. Em termos de sabor, o koshu é mais intenso que o saquê não maturado e costuma trazer notas de frutas secas, nozes, café, caramelo, shoyu ou chocolate.

61

Shochu

Destilado mais consumido do Japão, é possível dizer sem medo que o shochu é o segredo mais bem guardado da gastronomia da Terra do Sol Nascente. Com mais de cinco séculos de história, a bebida reina nos izakaya, servida pura, ao gelo, cortada com água fria ou quente ou em coquetéis como o chuhai, um highball feito de shochu e água com gás.

A versatilidade não está só no consumo. Diferentemente do saquê e do awamori, que só podem ser feitos com um tipo de ingrediente, a lista de matérias-primas que podem ser base do shochu conta com mais de cinquenta ingredientes. Batata-doce, cevada, trigo-sarraceno, açúcar mascavo, borra de saquê e, claro, arroz são alguns deles.

O processo começa com a produção do álcool, que, nesse momento, é semelhante ao do saquê. Em um primeiro momento, um mosto é preparado com arroz cozido, arroz inoculado com koji e água. Aqui a fermentação dura por volta de uma semana. Em seguida, essa mistura-base forma o mosto final, no qual é acrescentado o ingrediente de base. No shochu, o koji também é utilizado para a transformação do amido dos cereais e dos tubérculos em açúcar para que, em seguida, as leveduras façam o seu trabalho de produzir o álcool.

Aliás, o shochu usa o koji em sua variedade branca, que produz muitos ácidos úteis no equilíbrio ecológico do mosto. Como a bebida tem origem em zonas menos frias do Japão, o controle biológico da mistura de fermentação era essencial, já que as altas temperaturas favorecem o crescimento de toda sorte de fungos e bactérias. No final desse processo, o líquido obtido tem teor alcoólico de 15%, o que chega a ser o dobro em comparação a outros destilados no mesmo estágio, com sabores mais secos e delicados.

Dali, o material é levado ao alambique para destilação, processo que serve para separar o álcool de outros elementos. O honkaku shochu, versão de mais alta qualidade dessa bebida, é destilado uma única vez e isso faz toda a diferença. Outras bebidas destiladas raramente retêm o sabor do ingrediente original. No uísque, para mencionar uma, a profundidade de sabor vem da maturação, em especial dos barris nos quais a bebida é envelhecida. No caso do honkaku shochu de batata-doce, o sabor e o aroma da matéria-prima estão lá. O mesmo vale para as demais matérias-primas. Aliás, um exercício sensorial bem interessante é provar diferentes tipos de shochu e tentar descobrir qual é a base dele. O de cevada é um dos que costumam ser facilmente identificáveis pelos amantes de cerveja.

O produto final, após processos de diluição e blending, chega ao mercado com cerca de 25% de teor alcoólico, baixo em comparação com outros destilados. A nossa cachaça, por exemplo, tem cerca de 43%. Colocado no mercado com no máximo 12 meses de maturação, o shochu normalmente é consumido fresco, embora produtos envelhecidos estejam começando a chegar ao mercado.

CONEXÃO COM A TERRA

A origem do shochu está bastante ligada à produção agrícola. Inicialmente, a bebida era feita com arroz ou painço, cereais de plantio comum no sudoeste do arquipélago. A região, em particular as províncias de Kagoshima e Nagasaki, estabeleceu fortes conexões comerciais marítimas com o continente e com as ilhas na vizinhança. Nessas trocas, produtos como a batata-doce e a cevada foram introduzidos aos poucos no arquipélago japonês. Como o arroz servia para pagar tributos aos senhores de terras, os camponeses e produtores usavam essas culturas menos nobres para a produção do shochu. Por isso, nos dias de hoje, ainda vemos uma forte conexão entre a agricultura local e a bebida.

A ilha de Kyushu pode ser considerada a meca da produção de shochu. Nela fica a província de Kagoshima – conhecida anteriormente como Satsuma –, a terra do shochu de batata-doce. Foi aqui que, no século XVII, a raiz de origem centro-sul-americana encontrou terra fértil e aplacou a fome da população, tornando-se uma das principais culturas agrícolas da época. A produção de shochu de batata-doce em Kagoshima é tão especial que ganhou indicação geográfica: o shochu de Satsuma, com sua leve doçura, é apreciado em todo o país.

Iki é uma das muitas ilhas da costa de Kyushu e faz parte da província de Nagasaki. Ali os residentes produzem o shochu de Iki há mais de três séculos. Com aroma refrescante e leve dulçor, a bebida local é feita de cevada. Já a província de Kumamoto é conhecida pelo shochu de Kuma, versão refrescante e aromática feita com o arroz local. Esses tipos de shochu, também reconhecidos pelo governo japonês com o selo de indicação geográfica, são apenas a ponta de um enorme iceberg de sabores e aromas que esse destilado pode ofertar.

SAQUÊ: A CELEBRAÇÃO EM TORNO DA COMPLEXIDADE SENSORIAL

Awamori

Ryukyu foi um reino que existiu entre os séculos XV e XIX conhecido por ser uma potência no comércio ultramarino no Oceano Pacífico. Abolido e incorporado ao Japão em 1879, o antigo país forma hoje a província de Okinawa. As trocas comerciais que fizeram o povo léquia prosperar por quase dois séculos também trouxeram para as ilhas tecnologias de diversas partes do Oriente. Entre elas, uma técnica de destilação desenvolvida no antigo reino do Sião, atual Tailândia. Foi o aperfeiçoamento delas que deu origem ao awamori.

Instrumento essencial na difícil diplomacia de Ryukyu, a bebida era utilizada como tributo oferecido ao xogum que dominava o Japão e ao imperador chinês. Isso porque o pequeno reino devia tributos à China e era ocupado, mesmo que de maneira discreta, pelo domínio de Satsuma, atual província japonesa de Kagoshima. Então, o awamori era uma iguaria rara cuja produção era controlada diretamente pelo rei de Ryukyu.

Como saquê e um dos muitos tipos de shochu, esse destilado é feito de arroz. Todavia, no awamori é usada a variedade índica, mais comprida que a japonica dos outros dois kokushu. Faz-se a fermentação em uma única etapa e utiliza-se o koji do tipo negro, endêmico das ilhas de Okinawa. Ele se propaga rapidamente e produz grande quantidade de ácido cítrico que protege o mosto do calor, maior nesse arquipélago que no resto do Japão.

O resultado da fermentação é levado ao alambique para destilação única. O produto final tem aromas de banana, maçã, baunilha e cogumelos, com delicadas notas de defumação. O sabor é mais encorpado que o do shochu e, ao contrário deste, a maturação costuma ser bem-vinda no awamori.

Quando a bebida é envelhecida por três anos ou mais, ela ganha o nome de kusu. Essa variante costuma ter notas de baunilha no sabor, fruto da maturação tradicionalmente feita em vasos de cerâmica, utilizando a técnica shitsugi. Nela, parte da bebida mais antiga é retirada do vaso e substituída pela bebida de um vaso mais novo. O espaço aberto aqui é ocupado pela bebida maturada em um lote mais novo e, assim, sucessivamente.

O resultado é um blend com produção de diferentes épocas e, desse modo, o "DNA" do awamori vai se perpetuando por gerações. Conta-se que, antes de Okinawa ter sido atacada na Segunda Guerra Mundial, era comum encontrar no mercado vasos de awamori contendo bebida com mais de um século de idade. Atualmente, awamori de Okinawa é uma indicação geográfica que inclui os produtos mais frescos e o kusu e só pode ser produzida nos limites da província.

Com um perfil que vai de 25% a 40% de teor alcoólico, o awamori pode ser consumido puro. Os locais, porém, preferem cortar a bebida com água ou soda. *On the rocks* ou em coquetéis, o awamori também expressa bem seus sabores e aromas únicos. Ele e os demais kokushu são a expressão máxima da cultura etílica na Terra do Sol Nascente, uma santíssima trindade à disposição de quem quer viajar ao Japão para bebericar.

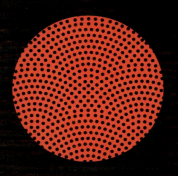

Insumos: a simplicidade dos ingredientes em obras-primas culinárias

A variedade dos insumos, ao adicionar as técnicas utilizadas na preparação e as combinações entre eles, resulta no pleno aproveitamento nutritivo dos ingredientes, elevando ainda o sabor e a textura ao paladar que aprecia a singularidade. A atenção aos detalhes e o respeito pela tradição são percebidos nos cuidados na preparação dos alimentos, o que se converte em saborosas obras-primas culinárias.

Enriquecidos pelo caminho japonês que percorremos, foi observando o cuidado com os detalhes nas plantações da folha ao grão que percebemos a plenitude da cultura em sua culinária.

E é inquestionável a relação entre culinária e cultura desse estilo de vida que ultrapassa fronteiras e alcança extremos do mundo. É uma relação de prosperidade em cada ação ao se viver a harmonia que transforma pequenas coisas em grandes obras.

Seus insumos e ingredientes são variados e refletem a rica cultura e história do país. Chefs japoneses são acostumados a selecionar e preparar minuciosamente os ingredientes, sabendo que sua qualidade é essencial para o sabor e a textura dos pratos.

Na culinária japonesa, arrisco-me a dizer que, mais que em qualquer outro país, os insumos têm relação intrínseca com o resultado final. Percebemos que o povo demonstra enorme cuidado com cada item envolvido em sua nutrição e cada um deles envolve um cultivo diferente. A seguir, falaremos sobre cada um desses pontos.

Os principais insumos da culinária

Arroz

O arroz é o alimento básico da culinária japonesa e aparece em uma variedade de pratos, incluindo sushi, sashimi, sopa de missô e donburi. O arroz japonês é cultivado em uma variedade de regiões do país, e cada região tem o próprio tipo de arroz com características únicas. Os tipos mais comuns usados na culinária japonesa são o arroz japonês branco, o arroz japonês preto e o arroz japonês fermentado.

Sessenta a setenta por cento do sabor do sushi é determinado pela qualidade do arroz com vinagre, conhecido como shari. Portanto, escolher o melhor arroz é imperativo. O ideal é que não seja muito pegajoso, mas que permaneça intacto quando pressionado em nigiri. Ao ser provado, deve-se desintegrar suavemente na boca e sua doçura deve aumentar o sabor do peixe.

Além da escolha de um bom arroz, o cozimento e preparo (considerando a lavagem rigorosa dos grãos) é igualmente importante. Espera-se que chef e sushiman dominem amplamente a técnica.

Alga nori

Estrela coadjuvante do sushi, essa alga acompanha arroz e peixes nos principais pratos como hosomaki, uramaki, temaki, nigiri e futomaki. Em sua seleção, a primeira coisa importante a levar em conta é a fragrância. Além disso, o nori tem de ser crocante, robusto e com a espessura certa. Seu armazenamento é fundamental para garantir a textura, assim como o seu manuseio. Ao cortar o nori na frente do público, recomenda-se segurar a lâmina em um ângulo de 70 graus para produzir um som crocante e tentador: uma técnica interessante para o sushi mais convidativo e saboroso.

Peixes e frutos do mar

Os peixes e frutos do mar, parte importante da dieta japonesa, revelam-se em pratos como sushi, sashimi, tempura e sukiyaki. O Japão tem uma costa extensa, responsável por grande variedade de peixes e frutos do mar frescos. Os peixes mais comuns usados na culinária japonesa, respeitando sempre a sazonalidade, são atum, enguia, bonito, cavalinha, carapau, pargo, linguado e salmão; já os frutos do mar mais comuns são camarão, caranguejo, moluscos e algas marinhas.

Vegetais

Os vegetais fazem parte de uma variedade de pratos japoneses, que incluem sopas, saladas, refogados e guisados. Os mais comuns na culinária japonesa são o pepino, o rabanete, o repolho, a acelga, o espinafre, o alho-poró, a cebola, o gengibre e o shimeji.

Leguminosas

As leguminosas, como o feijão e a soja, representam fonte importante de proteína na culinária japonesa e são encontradas em pratos como o missoshiro, o edamame e o tofu. O feijão mais comum nessa culinária é o feijão mungo. Com a soja se faz uma variedade de produtos, incluindo o tofu, o tempeh e o natto.

Nozes e sementes

As nozes e sementes dão sabor e textura a uma variedade de pratos japoneses, como o gomasio, o furikake e o kinako. No caso das nozes, as mais comuns utilizadas na culinária japonesa são a noz-pecã, a amêndoa e a castanha-de-caju. Já as sementes mais comuns são a semente de gergelim, a semente de girassol e a semente de abóbora.

Cereais

Os cereais, como o trigo e o milho, estão presentes em diversos pratos japoneses, incluindo o udon, o soba e o ramen. O trigo é usado para fazer uma variedade de produtos, incluindo o macarrão udon, o macarrão soba e o panko; já o milho é usado para fazer uma variedade de pratos, incluindo o mochi (massa de arroz glutinoso) e o sake.

Temperos e condimentos

Os temperos dão sabor a inúmeros pratos japoneses. Os temperos mais comuns incluem o shoyu, o mirin, o wasabi, o gengibre e o vinagre de arroz.

SHOYU

O shoyu, também conhecido como molho de soja, é um condimento essencial na culinária japonesa e tem papel muito importante na intensificação do sabor e no aroma dos pratos. Existem diversos tipos de shoyu, cada um com características únicas que influenciam o perfil de sabor dos alimentos.

A receita mais tradicional é produzida de soja, trigo, sal e água. O processo de fermentação é um aspecto crucial na fabricação, pois a mistura é fermentada por meses, às vezes anos, em barris. Nesse período, microrganismos naturais convertem os ingredientes em um líquido rico em umami, o quinto sabor básico.

Alguns tipos de shoyu, incluindo o tamari, são feitos predominantemente de soja e têm sabor mais intenso e menos salgado em comparação ao shoyu comum. O shoyu light é outra variante, caracterizado por um teor de sal reduzido, atendendo à preferência por opções mais saudáveis.

A importância do shoyu na culinária japonesa não é só adicionar sal ao prato. Ele é utilizado para realçar sabores, equilibrar doçura e salinidade, além de ser fundamental em marinadas e molhos. Pratos icônicos como sushi, sashimi, tempura e teriyaki frequentemente incorporam o shoyu como ingrediente-chave.

Não bastasse, o shoyu é um elemento central na cultura alimentar japonesa e reflete tanto a tradição quanto a atenção aos detalhes na preparação dos alimentos. Sua versatilidade e capacidade de aprimorar uma ampla variedade de pratos contribuem para a sua presença constante nas cozinhas japonesas, seja em restaurantes, seja nos lares.

MIRIN

O mirin é um condimento tradicional japonês muito utilizado na culinária do país, conhecido por adicionar doçura sutil, brilho e um aroma característico aos pratos. Esse líquido doce de arroz é encontrado em diferentes tipos, cada um com papéis distintos na culinária japonesa.

O mirin hon-mirin, ou mirin genuíno, é considerado o mais autêntico. Produzido de arroz glutinoso, shochu e açúcar, o hon-mirin passa por um processo de fermentação natural, que resulta em uma complexidade de sabores e aromas. Sua doçura suave é indicada para equilibrar a salinidade do shoyu em molhos teriyaki e marinadas.

Alguns também mirins de cozinha ou aji-mirin, versões comercialmente disponíveis que muitas vezes contêm álcool e adoçantes artificiais para simular o sabor do mirin autêntico. Embora possam ser usados na culinária cotidiana, eles não oferecem a mesma profundidade de sabor que o hon-mirin.

A importância do mirin na culinária japonesa é evidente em receitas como teriyaki, sukiyaki e yakitori. Sua presença é notável em molhos agridoces e marinadas, contribuindo para criar um equilíbrio de sabores, melhorar a caramelização e conferir um brilho apetitoso à superfície dos pratos.

Além disso, o mirin desempenha papel crucial na técnica de cozimento conhecida como mushiagashi. Nesse método, o mirin é adicionado no fim do cozimento para intensificar os sabores e aromas, proporcionando um toque final aos pratos.

WASABI

Feito de raiz de wasabi, esse condimento picante é usado em sushi e sashimi. Caracteriza-se por coloração verde-ervilha e cheiro inconfundível, que reverbera pelas passagens nasais. Seu sabor forte contrasta perfeitamente com a doçura dos peixes.

No passado, foi utilizado no Japão para fins medicinais em virtude de suas condições antibacterianas. Atualmente, é utilizado de duas formas: natural, com gosto que permanece por mais tempo no paladar, e industrial (em pó), encontrada na maioria dos restaurantes brasileiros.

O cultivo de wasabi tem raízes profundas na cultura japonesa, em especial na região montanhosa de Shizuoka, famosa por sua produção. Tradicionalmente, o wasabi é cultivado em leitos de rios de água fria e limpa, onde as condições são ideais para seu crescimento. Os agricultores japoneses desenvolveram técnicas refinadas ao longo dos séculos para garantir a qualidade e o sabor peculiar do wasabi.

Em Shizuoka, os agricultores enfrentam desafios únicos ocasionados pelo terreno acidentado e pelo clima variado, mas essas condições também contribuem para a singularidade do wasabi cultivado na região. A demanda por wasabi autêntico e de alta qualidade continua a crescer tanto no Japão quanto internacionalmente, destacando a importância contínua da tradição do cultivo de wasabi em lugares como as montanhas de Shizuoka.

A planta pode levar cerca de 18 meses para atingir a maturidade e é colhida manualmente. Após a colheita, a raiz de wasabi é lavada, descascada e ralada em um ralador de madeira específico chamado oroshigane. Esse processo é delicado, pois o wasabi perde rapidamente seu sabor e aroma após a ralação, então é preferível ralar a raiz fresca no momento de servir.

Nos restaurantes, o wasabi fresco é servido como uma pasta verde vibrante ao lado de pratos de sushi e sashimi. Seu sabor picante e refrescante complementa os sabores dos peixes crus de maneira única. Por sua pungência, o wasabi é utilizado com moderação, adicionando uma camada sutil de calor e um toque aromático aos pratos.

GENGIBRE

Gengibre é uma raiz aromática bem utilizada na culinária japonesa, fundamental na criação de sabores distintos e equilibrados. Essa raiz, conhecida como *shoga* em japonês, é apreciada por suas propriedades aromáticas e medicinais.

Na culinária japonesa, o gengibre é utilizado com frequência tanto fresco quanto em forma de pasta ou conserva. Seu sabor picante e ligeiramente doce adiciona profundidade a uma variedade de pratos, desde sopas e ensopados até marinadas e molhos. É essencial em pratos como sushi, sashimi e yakitori, nos quais sua presença contribui para realçar os sabores dos alimentos.

Não fosse suficiente seu papel na criação de sabores únicos, o gengibre é valorizado na culinária japonesa por suas propriedades digestivas. É comum consumir gengibre com sushi para "limpar o paladar" entre diferentes peças e preparar o sistema digestivo para o próximo sabor. O gengibre também é utilizado em pratos como o gari, famoso condimento de gengibre em conserva servido com sushi para dar um toque refrescante.

Vale sublinhar também que o gengibre é muito importante na medicina tradicional japonesa. Acredita-se que tenha propriedades anti-inflamatórias e seja eficaz contra náuseas, contribuindo para uma abordagem holística à saúde por meio da alimentação.

VINAGRE

O vinagre também é ingrediente crucial na culinária japonesa, pois atua na criação de sabores equilibrados e na preservação de alimentos. Conhecido como *su* em japonês, o vinagre utilizado na culinária japonesa é geralmente feito de arroz, embora haja também variedades feitas de cevada e outros grãos.

Na preparação do arroz para sushi, por exemplo, o vinagre de arroz é combinado com açúcar e sal para criar um shari bem temperado, conferindo ao arroz uma textura pegajosa e um brilho característicos. Esse processo realça o sabor do arroz e também é indispensável para a qualidade e autenticidade dos pratos de sushi.

O vinagre é um componente vital no preparo de molhos agridoces, frequentemente encontrados em pratos como sunomono (salada de pepino). Sua acidez contribui para equilibrar e realçar os sabores, oferecendo uma experiência gastronômica refrescante e vibrante.

Além disso, é um ingrediente utilizado em conservas japonesas, como o tsukemono, nas quais vegetais são marinados em soluções de vinagre para preservação e adição de sabores únicos. Esse método de conservação, que é parte integrante da tradição culinária japonesa, possibilita que os alimentos sejam desfrutados ao longo do ano, independentemente da estação.

Também atua na produção de molhos para pratos quentes, como o ponzu – mistura de vinagre cítrico, molho de soja e outros ingredientes –, frequentemente usado como molho para peixes grelhados ou como tempero em pratos quentes.

MISSÔ

O missô tem papel relevante na criação de sabores ricos e complexos. Esse condimento fermentado é produzido à base de soja, sal e, em algumas variedades, grãos como arroz ou cevada. A fermentação é realizada por meio da ação de bactérias e leveduras, dando origem a uma pasta espessa com ampla gama de aromas e sabores.

Existem diferentes tipos de missô, que variam em cor, sabor e tempo de fermentação. As variedades mais comuns são o shiromiso (missô branco), o akamiso (missô vermelho) e o awasemiso (missô misto). O shiromiso é mais suave, enquanto o akamiso é mais robusto e salgado. Já o awasemiso é meio-termo e combina as características dos dois anteriores.

O missô pode ser utilizado de diversas formas. Componente primordial na preparação da sopa conhecida como missoshiro, trata-se de um prato tradicional consumido regularmente no Japão. Com frequência é incorporado a molhos, marinadas e utilizado como tempero em pratos cozidos e grelhados.

A versatilidade do missô é evidente em sua capacidade de adicionar umami aos pratos. Seu sabor profundo e complexo apresenta-se como resultado do processo de fermentação, que não apenas realça o sabor dos alimentos, mas contribui para a saúde intestinal em razão das bactérias benéficas presentes. Por conter proteínas, vitaminas e minerais essenciais, sua presença nas refeições japonesas confere sabor e também acrescenta valor nutricional.

Além desses ingredientes básicos, a culinária japonesa washoku utiliza uma variedade de outros ingredientes, como cogumelos, tofu, algas, frutas e chá verde.

A sazonalidade dos ingredientes

A sazonalidade é parte fundamental da culinária japonesa, que reflete a riqueza da cultura japonesa e o respeito do povo japonês pela natureza. Os japoneses acreditam que os ingredientes frescos e sazonais são uma dádiva da natureza e devem ser apreciados em sua época certa.

Os chefs japoneses estão sempre atentos à disponibilidade de ingredientes frescos e sazonais para criar pratos deliciosos e nutritivos. Para acompanhar a sazonalidade, eles trabalham com fornecedores locais que cultivam e colhem ingredientes frescos, além de viajar para diferentes regiões do Japão a fim de experimentar novos ingredientes e aprender mais as técnicas culinárias locais.

A prática deve ser seguida por restaurantes internacionais. No San, por exemplo, os ingredientes são escolhidos junto a fornecedores de confiança e em sua melhor época, garantindo o sucesso dos pratos finais.

Benefícios da sazonalidade

Usar ingredientes frescos traz uma série de benefícios para a culinária japonesa, incluindo:

SABOR

Os ingredientes frescos e sazonais têm sabor mais intenso e complexo do que os ingredientes fora de época. Isso acontece porque eles são cultivados ou colhidos no momento ideal de seu desenvolvimento, quando estão repletos de nutrientes e aromas.

NUTRIÇÃO

Esses ingredientes são geralmente mais nutritivos do que os ingredientes fora de época. Isso ocorre porque eles não são submetidos a processos de armazenamento ou transporte, que podem reduzir seus nutrientes.

ECONOMIA

Usar esses ingredientes em vez de ingredientes fora de época pode ser mais econômico, uma vez que eles costumam ser mais abundantes e, portanto, mais baratos.

Peixes: a vida marinha integrada à cultura japonesa

A relação entre os japoneses e os recursos marinhos vem de uma história milenar. Desde as práticas mais rudimentares de pesca até a arte de preparação do sushi, desenvolveram-se milênios de evolução. E essa evolução não se restringe ao passado do país; a ciência continuou a desvendar a importância da preparação dos frutos do mar para o consumo saudável. Os japoneses aprenderam e nos ensinaram as melhores técnicas para a pesca, a conservação e o preparo dos alimentos.

É uma relação evidente em todos os aspectos da cultura alimentar. Um povo presenteado com a abundância dos oceanos, que não se restringe a usufruir dos recursos naturais para consumo próprio. Esse povo nos mostra, humildemente, como atender à crescente demanda por qualidade, prosperando com práticas sustentáveis de aquicultura e, ao mesmo tempo, preservando os recursos marinhos para as próximas gerações.

日本の道 · CAMINHO JAPONÊS

Não é de surpreender que os peixes sejam um alimento básico da dieta japonesa, já que o arquipélago do Japão tem mais de 30 mil quilômetros de costa e, portanto, os peixes estão profundamente entrelaçados com a cultura do país.

Atualmente, como se sabe, os peixes são usados em grande variedade de pratos na culinária japonesa. As apresentações mais populares do país costumam fazer uso de peixes, como nigiri, sashimi, uramaki, hosomaki, tempura e udon.

Entretanto, essa relação fundamental vem desde tempos imemoriais, seguindo uma trajetória que enraizou de modo irreversível o alimento na tradição do país. A história dos peixes na culinária japonesa é um conto fascinante que data de milênios. Desde as práticas antigas de pesca até a sofisticação moderna do sushi, a relação do Japão com os peixes e frutos do mar é um testemunho da adaptação e do respeito pela abundância do oceano ao longo do tempo.

Uma breve linha do tempo sobre a trajetória do peixe no Japão

A importância dos peixes na culinária japonesa tem raízes profundas na história do país, remontando a eras antigas. A relação simbiótica entre Japão e seres aquáticos começou a se desenhar no período Jomon (cerca de 14.000 a.C. a 300 a.C.) quando as comunidades indígenas começaram a se estabelecer e aprimorar as técnicas de pesca rudimentares.

Ao longo dos séculos, a pesca tornou-se atividade vital, sendo fonte de alimento sustentável para as comunidades que vivem na extensa costa japonesa. No período Heian, documentos históricos, como o Engishiki (Código de Procedimentos), já descreviam métodos de pesca e a diversidade de peixes consumidos na corte imperial.

No período Edo, a cultura do peixe atingiu novos patamares com o desenvolvimento do sushi. O Edomae-zushi surgiu como forma de conservar peixes em arroz fermentado, para que eles fossem consumidos por mais tempo. Essa técnica evoluiu e deu origem ao sushi fresco que conhecemos hoje. Em 1824, o famoso sushiman Hanaya Yohei introduziu a ideia de adicionar wasabi entre o peixe e o arroz para melhorar o sabor e a preservação, um marco histórico na evolução do sushi.

A Revolução Meiji (1868-1912) trouxe consigo a modernização do Japão, influenciando também sua culinária. O desenvolvimento de técnicas de refrigeração e transporte mais eficientes propiciou a distribuição de peixes frescos para áreas distantes do litoral. Isso democratizou o acesso aos frutos do mar e ampliou a presença de peixes em diferentes regiões do país.

O século XX testemunhou uma internacionalização da culinária japonesa e o sushi virou um fenômeno global. A demanda por peixes de alta qualidade aumentou, o que levou a avanços na aquicultura e nas técnicas de pesca sustentável. A criação de mercados de peixes renomados, como o Mercado de Tsukiji em Tóquio, contribuiu igualmente para a promoção da cultura do peixe fresco.

Hoje, datas como o Dia do Peixe (22 de fevereiro) destacam a importância dos peixes na dieta japonesa e celebram a riqueza da vida marinha. Além disso, a conscientização sobre a sustentabilidade e a preservação dos recursos marinhos passou a ser prioridade, refletindo o compromisso do Japão em equilibrar tradição e responsabilidade ambiental.

Impacto cultural

Em um país dotado de simbolismos acerca de ícones históricos, o peixe é fundamental na cultura japonesa, pois molda tradições, rituais e a identidade alimentar do país. A rica relação entre o Japão, os peixes e os frutos do mar transcende a simples nutrição, tendo efeito em outros aspectos da vida cotidiana e nas festividades.

Desde os primeiros registros históricos, os japoneses estabeleceram uma conexão espiritual com o peixe. A prática do xintoísmo, uma das religiões nativas do Japão, incorpora divindades relacionadas ao mar e aos peixes. Deidades como Ebisu e Benten são veneradas por pescadores e comerciantes, destacando a importância cultural atribuída à pesca e aos frutos do mar na subsistência e prosperidade.

As tradições alimentares desempenham ainda papel crucial na cultura japonesa, sendo o peixe presença constante na mesa. O sushi, por exemplo, transcende suas origens modestas para se tornar um ícone internacional da culinária nipônica. O ato de compartilhar um prato de sushi não é apenas uma experiência gastronômica, mas também uma expressão de convívio e comunhão, enraizada na cultura japonesa de valorizar a união e a partilha.

Além disso, datas festivas e cerimônias religiosas frequentemente envolvem pratos de peixe. Festivais como o Gyotaku Matsuri celebram a arte tradicional de imprimir peixes em papel, destacando a reverência pela vida marinha e sua representação artística. O Shunbun no Hi, ou equinócio da primavera, é marcado por pratos sazonais que incluem uma variedade de peixes frescos, simbolizando renovação e prosperidade.

A estética japonesa também é influenciada pela vida marinha. A arte ukiyo-e, que significa "imagens do mundo flutuante", floresceu no período Edo. Esse tipo de arte, caracterizada por gravuras em madeira, retratava a vida cotidiana, paisagens, atores kabuki, cortesãs e mitologia japonesa. Artistas renomados como Hokusai e Hiroshige contribuíram para popularizar o ukiyo-e, utilizando técnicas meticulosas para produzir imagens vibrantes e detalhadas.

Essa influência, que exibia a cultura e as tendências sociais da época, também inspirou movimentos artísticos posteriores tanto no Japão quanto no Ocidente. Essas gravuras são apreciadas pela estética, habilidade técnica e capacidade de capturar a essência fugaz da vida e do mundo ao seu redor. A simbologia do peixe é incorporada em padrões e desenhos, como o koi, que é associado a atributos como força, coragem e determinação.

A pesca desportiva, conhecida como tsuri, é uma atividade popular que vai além do entretenimento. A captura de peixes é vista como meio de conexão com a natureza, proporcionando momentos de reflexão e tranquilidade. Já a prática do caiaque de pesca une a paixão pelo esporte à apreciação da beleza natural das águas japonesas.

No cenário contemporâneo, a influência cultural do peixe expandiu-se para a conscientização ambiental e sustentabilidade. Iniciativas como a certificação de pesca sustentável e o respeito aos períodos de reprodução dos peixes exprimem a adaptação da cultura japonesa aos desafios modernos, mantendo sua conexão intrínseca com o oceano.

A importância cultural do peixe no Japão é uma narrativa intrincada que permeia a espiritualidade, a culinária, as artes e as práticas diárias. A presença constante do peixe na vida do povo japonês é mais do que uma fonte de alimento, é um elo entre a tradição e a contemporaneidade, que enriquece a identidade cultural do país.

A arte da escolha: um bom pescado representa o sabor ideal

O peixe é uma das figuras centrais no preparo de um prato na culinária japonesa. Um bom pescado pode representar o sucesso da receita final. A busca pelo peixe adequado é um dilema diário na vida do chef e do restaurante, pois é a seleção correta que determina o sabor. Em um mercado de peixes, entre centenas de pescados que são apresentados, poucos são escolhidos para a compra. E as razões são diversas.

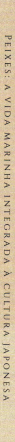

A escolha do peixe deve ser feita por especialistas com olhos treinados e experientes, seja comprando em um mercado de peixes, seja recebendo no próprio restaurante de um fornecedor de confiança. Uma boa escolha passa pelo olho do peixe, pelo frescor, pela textura, pela aparência e por uma série de fatores que vão determinar a aquisição.

Alguns desses sinais são:

- brilho nas escamas;

- olhos com aspecto de vivo;

- guelras com cor vermelha;

- parte interna da barriga sem manchas escuras.

Além da análise da aparência, de um bom mercado e um bom fornecedor, comprar peixes de qualidade também considera a sazonalidade correta. No Japão existe um conceito fundamental para a culinária chamado de shun, que representa a ingestão de alimentos no seu pico de sabor. O termo não diz respeito apenas aos animais, mas a todos os itens compreendidos na cozinha.

No caso dos peixes, esse pico deve-se ao armazenamento de quantidade ideal de nutrientes à frente da desova, fazendo com que a espécie esteja em seu momento perfeito de gordura, textura e carne.

Na época da desova, os peixes se aproximam mais da costa em busca das condições ideais. Nesse período, ocorre o maior volume de capturas de uma espécie. Os japoneses separam os períodos de colheita e pesca em Hashiri e Nagori, sendo Hashiri a parte

inicial da temporada e Nagori, o seu final. Ao longo do ano, no entanto, os peixes ganham sabores que se ajustam a cada momento. Na primavera, muitos são umami (gosto saboroso e agradável) e têm coloração brilhante, enquanto no verão predominam os sabores mais limpos sem acréscimo do ambiente, mais puros.

Inverno é hora de comer peixe rico e oleoso para afastar o frio. Nessa época também as pessoas bebem mais álcool, como o saquê, e é interessante combinar o sabor da bebida com o peixe. As exceções a essa sazonalidade são o atum, a enguia e a kohada. Embora cada espécie tenha um shun específico, todas são coletadas e servidas o ano inteiro.

Assim, parte importante do trabalho do chef é encontrar maneiras de garantir o bom gosto do peixe, mesmo quando o sabor diminui por ele estar um pouco fora da época de pico. Os peixes naturalmente entram em estação em momentos diferentes e em locais diferentes; escolher o local certo para a busca é outro fator crítico no sabor. Lugares conhecidos por uma espécie em particular não apenas têm ofertas de qualidade, mas também pescadores hábeis em pegar o peixe e lidar com ele depois.

O transporte é tão importante quanto. Como os frutos do mar e os peixes são gelados ou vendidos vivos, o tipo de tanque, armazenamento e a água podem fazer uma enorme diferença no sabor.

A cura do peixe

O processo de cura do peixe na culinária japonesa é uma técnica tradicional usada para realçar os sabores, melhorar a textura e preservar o frescor do peixe. Ele envolve o uso de sal ou vinagre, ou uma combinação de ambos, para desidratar parcialmente o peixe, intensificar o sabor e, ao mesmo tempo, prolongar sua vida útil. A cura é muito importante quando se trata de sushis e sashimis, preparos em que o peixe é servido cru e precisa estar em condições ideais de sabor e textura.

IMPORTÂNCIA DO PROCESSO DE CURA

1. Intensificação do sabor: a cura concentra o sabor natural do peixe, proporcionando uma experiência mais rica e complexa ao paladar.

2. Textura ideal: a técnica retira o excesso de umidade, tornando o peixe mais firme, o que é especialmente apreciado na textura de sashimi e nigiri.

3. Segurança alimentar: a cura reduz o risco de contaminação, diminuindo a atividade bacteriana e ajudando na conservação do peixe.

4. Aprimoramento estético: a desidratação leve ajuda a manter uma aparência mais brilhante e atrativa do peixe.

O PROCESSO DE CURA

Existem várias técnicas de cura no Japão, mas segue adiante um método básico e tradicional com o uso de sal e vinagre.

Passo 1: seleção e preparação do peixe

Escolha do peixe: selecione um peixe fresco e de alta qualidade, geralmente um peixe magro como a tainha, o robalo ou até algumas espécies de atum.

Limpeza e corte: limpe bem o peixe, removendo a pele, as espinhas e quaisquer outras impurezas. Corte o peixe em filetes ou pedaços do tamanho desejado para o sushi ou sashimi.

Passo 2: aplicação do sal

Sal: o peixe é coberto com uma camada de sal grosso. Essa etapa de salgar ajuda a retirar a umidade do peixe, iniciando o processo de desidratação e intensificando o sabor.

Tempo de cura com sal: deixe o peixe descansando com o sal por um período que pode variar entre 15 e 60 minutos, dependendo da espessura do corte e do tipo de peixe. O tempo exato é crucial: um período muito longo pode torná-lo salgado demais, enquanto um período curto pode não ter o efeito desejado.

Remoção do sal: enxágue cuidadosamente o peixe em água fria para remover o excesso de sal. Em seguida, seque o peixe com papel-toalha para eliminar qualquer resíduo de umidade.

Passo 3: banho de vinagre (opcional)

Imersão no vinagre: mergulhe o peixe em vinagre de arroz (preferencialmente de boa qualidade), o que ajuda a equilibrar o sabor, dar um toque ácido e conservar ainda mais o peixe.

Tempo de imersão: o peixe é deixado no vinagre por cerca de 10 a 20 minutos, dependendo da intensidade de sabor desejada. Esse passo adiciona uma camada de complexidade ao sabor, além de preservar a cor do peixe.

Secagem final: após a imersão, retire o peixe do vinagre, seque-o novamente com papel-toalha e ele estará pronto para ser utilizado.

Passo 4: repouso

Descanso: em alguns casos, o peixe é embrulhado em gaze e deixado descansar na geladeira por algumas horas ou até mesmo por um dia. Isso ajuda a harmonizar os sabores e melhora ainda mais a textura.

O peixe curado está pronto para ser utilizado em pratos como sushi e sashimi, mas também pode ser consumido em preparações marinadas. Cada etapa do processo contribui para uma textura ideal, um sabor balanceado e frescor seguro, propiciando uma experiência gastronômica refinada.

Esse processo é uma técnica artesanal, praticada há séculos, que valoriza a cultura japonesa de respeito aos ingredientes, priorizando a simplicidade e autenticidade dos sabores naturais do peixe.

O envelhecimento (maturação) é outra maneira de impulsionar o umami de peixes, embora obviamente não seja adequado para todas as espécies. Existem peixes, como o atum, que se beneficiam muito do envelhecimento, enquanto outros devem ser consumidos rapidamente para que se possa apreciar um sabor mais limpo e sutil.

Para entender mais sobre o processo de maturação de peixes, um universo à parte, contamos com o chef William Albuquerque, pioneiro na arte de maturação para peixes em diversos estados brasileiros.

Maturação: a arte da modernidade
por William Albuquerque

Maturar peixe não é um processo simples. Na verdade, trata-se de um rigoroso e complexo processo que envolve vários investimentos para servir com responsabilidade e garantir a segurança do consumidor final. A maturação de pescados é uma técnica utilizada há muitos anos em vários países, inclusive no Japão. Especialistas em pescados entenderam a correlação do intervalo em que o peixe sai da água, é abatido e manipulado corretamente, depois descansa até o melhor momento de ser servido.

Basicamente, a maturação visa eliminar impurezas do pescado, manter sua viabilidade e, durante o processo, realçar suas texturas e seus sabores. Tal qual se faz no San, a técnica pode ser utilizada em diferentes tipos de pescados, como atum, salmão e brancos regionais. Após o recebimento na peixaria e tratamento inicial, os peixes passam por rigorosas etapas que envolvem a manutenção humana e a máquina de maturação.

Processo detalhado da maturação

A temperatura ideal para maturação deve permanecer em 0 °C, com pouca variação entre -2 °C e 2 °C. A umidade deve ser trabalhada em duas fases, entendendo que na primeira fase o peixe está muito úmido e precisa permanecer com umidade baixa de 40% a 60%, por três ou cinco dias.

Se após cinco dias o peixe ainda estiver com umidade, é um indicativo de proliferação de bactérias e ele não está em condições de ser maturado. Para que isso não ocorra, o técnico responsável deve selecionar um pescado com procedência e boas características de frescor, que são: brilho nas escamas, olhos com aspecto de vivo, guelras com cor vermelha, parte interna da barriga sem manchas escuras.

Todo o processo de maturação acontece naturalmente e algumas mudanças sucedem no decorrer do armazenamento, como mudança de textura pela ação das enzimas proteolíticas, que rompem as fibras musculares e deixam a carne com uma textura macia.

Além da mudança de textura, o sabor do peixe também muda, evoluindo em equilíbrio e destacando o sabor de umami. Em meio a um mercado competitivo, nenhum restaurante quer ficar para trás. Contudo, muitos se aventuram na maturação de forma inadequada, sem pensar nos riscos alimentares e sem fazer os investimentos necessários para garantir a segurança alimentar. Um desses investimentos é o equipamento de maturação, com controle de temperatura e umidade, que fornece as condições corretas e necessárias para o peixe maturar com qualidade, de modo natural e sem uso de conservantes.

Durante o processo de maturação, devem ser feitas análises microbiológicas em laboratórios especializados para garantir que todo o processo foi executado corretamente e que não proliferaram bactérias ruins.

Cortes: técnica e precisão

Cortes de peixes

Na culinária japonesa há uma variedade de cortes de peixe fundamentais para a preparação de sushis, sashimis e outros pratos. Cada corte tem uma técnica própria e é direcionado a diferentes tipos de peixe e partes do peixe, influenciando o sabor, a textura e apresentação do prato.

SASHIMI (CORTE DE FATIAS FINAS)

Sashimi é um dos pratos mais icônicos da culinária japonesa e consiste em fatias finas de peixe ou frutos do mar, servidas puras, sem arroz ou outros acompanhamentos. Esse corte é feito para ressaltar a qualidade e o frescor do peixe, além de destacar sua textura e seu sabor.

Técnica

Corte: o peixe deve ser cortado no sentido das fibras para garantir que a carne mantenha sua integridade e não se desfaça.

Espessura das fatias: as fatias são finas, com espessura de 1 mm a 2 mm, o que garante a textura macia e tenra, enquanto o sabor do peixe é mantido puro e intenso.

Faca: uma faca bem afiada é essencial para cortar o peixe de maneira limpa e sem amassar a carne.

Peixes/frutos do mar comumente usados para o corte: atum, salmão, peixes brancos e polvo.

NIGIRI

Nigiri é o tipo de sushi mais tradicional, em que uma fatia de peixe é colocada sobre um bolinho de arroz temperado. O corte para nigiri é semelhante ao de sashimi, mas com fatias ligeiramente mais espessas para garantir que o peixe cubra bem o arroz e seja de fácil consumo.

Técnica

Corte reto ou em ângulo: as fatias de peixe para nigiri são cortadas de forma mais espessa, geralmente de 2 mm a 3 mm, e podem ser retas ou ligeiramente inclinadas, dependendo do tipo de peixe.

Espessura: a espessura deve ser suficiente para cobrir o arroz, mas sem ser muito grossa.

Peixes/frutos do mar comumente usados: atum, salmão, camarão, peixes brancos, enguia, polvo, vieira, entre outros.

USUZUKURI (CORTE ULTRAFINO)

Usuzukuri é um corte extremamente fino, em que as fatias do peixe se tornam quase translúcidas. Esse corte, utilizado para destacar a frescura e a suavidade do peixe, é uma técnica sofisticada aplicada principalmente a peixes delicados.

Técnica

Corte quase translúcido: as fatias devem ter entre 1 mm e 1,5 mm de espessura, e o objetivo é que o peixe fique quase transparente.

Precisão e delicadeza: o corte exige muita habilidade, pois as fatias precisam ser uniformes e finas sem que o peixe se desfaça. O usuzukuri cria uma apresentação bonita e característica, preenchendo todo o prato. Ainda, podem ser utilizados molhos clássicos, como o ponzu, para sua finalização.

Peixes/frutos do mar comumente usados: atum, salmão, vieira e peixes brancos.

TIRASHI

Tirashi é uma mistura de peixe cortado de forma irregular e grosseira, com frequência servido sobre uma cama de arroz. O corte é mais livre e não segue uma técnica rigorosa, dando maior liberdade à preparação.

Técnica

Corte aleatório: o peixe é cortado em pedaços mais irregulares, em cubos ou fatias maiores. Não há tanta preocupação com a uniformidade; a intenção é misturar e servir de modo casual, em geral com temperos e outros acompanhamentos.

Peixes/frutos do mar comumente usados: atum, salmão e peixes brancos.

TARTARE

O corte em tartare é utilizado para preparar misturas de peixe picado, que serão mescladas a temperos, como molho de soja, cebolinha, wasabi, entre outros.

Técnica

Corte em cubos pequenos: o peixe é cortado em pequenos pedaços regulares, de 1 cm a 2 cm, para facilitar a mistura e intensificar os sabores ao absorver os temperos. Depois de cortado em cubos, o peixe deve ser picado com a utilização da faca.

Peixes/frutos do mar comumente usados: atum, salmão e camarão.

CORTE PARA MAKI

O peixe utilizado para uramaki e hosomaki é cortado em fatias finas e longas, mas não necessariamente tão delicadas quanto as de sashimi ou usuzukuri.

Técnica

Corte longo e fino: as fatias de peixe são cortadas em tiras mais largas e finas para que possam ser dispostas sobre o arroz e o nori, criando o rolo.

Pedaços pequenos para fácil manipulação: o peixe deve ser cortado em pedaços que se encaixem bem no formato do rolo.

Peixes/frutos do mar comumente usados: atum, salmão e peixes brancos.

Os astros do mar: tipos famosos de pescado

Atum (maguro)

Estrela na culinária japonesa, além de densamente nutritivo, rico em nutrientes e fonte de proteína magra, o atum oferece diversos tipos e cortes para cativar os paladares.

Peixe de grande porte, ele pertence à família dos atumídeos e é conhecido por sua carne saborosa, como também por sua importância na culinária e na pesca comercial. Existem várias espécies de atum, sendo o atum bluefin o mais valioso e apreciado, especialmente na culinária japonesa. É um peixe de grande importância tanto para a gastronomia quanto para a indústria pesqueira, sendo apreciado por seu sabor delicado e sua versatilidade em diversos pratos.

本鮪

Atum bluefin (hon maguro)

O atum bluefin, conhecido como *hon maguro* em japonês, é altamente valorizado na culinária japonesa em virtude de sua qualidade excepcional. O peixe é um dos maiores – pode passar dos 600 kg – e mais caros do mundo. Os cortes de bluefin são alguns dos mais valorizados no sushi e se dividem em três tipos principais, cada um com características distintas de sabor, textura e quantidade de gordura:

BLUEFIN AKAMI 本鮪の赤身

É o corte mais magro, retirado das costas do atum. Sua carne é de um vermelho intenso e tem um sabor suave, puro e fresco, característico do atum. A textura firme e ligeiramente densa o torna ideal para quem prefere um sushi menos gorduroso e com sabor mais limpo e direto.

BLUEFIN CHUTORO 本鮪の中トロ

Esse é o corte intermediário, retirado da área entre o akami e o otoro. Apresenta uma quantidade moderada de gordura, o que lhe confere uma textura macia e levemente marmorizada. O chutoro tem sabor mais rico que o akami, com um toque de doçura e uma sensação mais suave na boca, equilibrando a firmeza da carne com uma gordura que derrete delicadamente. É um dos favoritos para quem busca uma experiência balanceada de sabor e textura.

BLUEFIN OTORO 本鮪の大トロ

É o corte mais gorduroso e macio, retirado da barriga do atum. Sua carne é marmorizada e clara, com um tom rosado. O otoro praticamente derrete na boca, proporcionando uma experiência bem rica e suculenta, com sabor profundo e umami. Esse corte é o mais raro e caro, muito apreciado por sua suavidade amanteigada e doçura intensa, o que resulta em uma explosão de sabor a cada mordida.

鮭

Salmão (shake)

O salmão, estrela versátil na culinária japonesa, oferece uma gama de tipos e cortes que encantam os amantes de sushi. Em termos de textura, a carne do salmão é macia e suculenta, com uma leve firmeza que se desfaz facilmente na boca. Sua gordura natural, em particular na parte da barriga, transmite uma sensação aveludada e cremosa, tornando cada mordida uma experiência agradável. No paladar, o sabor do salmão é delicado e levemente adocicado, com um toque de umami que é realçado pela sua gordura rica e saborosa.

BARRIGA DE SALMÃO (SHAKE TORO)
鮭の腹トロ

O sushi de shake toro é feito com fatias da parte gordurosa do salmão, também conhecida como toro – altamente valorizada na culinária japonesa por sua textura macia e seu sabor intenso. O corte toro é retirado da região da barriga do salmão, local em que a gordura é mais abundante, promovendo uma experiência de degustação diferenciada. Em termos de textura, a carne do shake toro é extremamente macia e derrete na boca, graças à quantidade de gordura marmorizada. Essa gordura cria uma sensação cremosa e suave, o que torna o sushi de shake toro especialmente indulgente. No paladar, o sabor é rico e amanteigado.

SALMÃO SELVAGEM (SHAKE ARASUKA)
アラスカ鮭

O salmão arasuka, também conhecido como salmão selvagem, é altamente valorizado pela sua frescura e pela qualidade da carne, que reflete as condições naturais em que o peixe vive. Valorizado em pratos como sashimi, sushi e grelhados, o salmão selvagem é ideal para quem busca uma experiência gastronômica autêntica e rica em sabor. Em termos de textura, sua carne é firme e suculenta, com leve mastigabilidade. Sua gordura é mais leve em comparação ao salmão de cativeiro, o que torna a textura menos oleosa, mas ainda assim suave e agradável. No paladar, o sabor do salmão selvagem é mais profundo e complexo, com leveza e frescor que lembram o mar.

白身魚

Peixe branco (shiromi)

O peixe branco é um termo utilizado para descrever uma variedade de peixes de carne clara, em sua maioria de sabor suave e textura mais delicada. De modo diferente dos peixes gordos como o atum, os peixes brancos têm carne mais magra e são conhecidos por sua leveza e sutileza no paladar. São amplamente utilizados na culinária japonesa, assim como em outras tradições gastronômicas pelo mundo, ainda mais em pratos como sushi, sashimi, grelhados e assados.

MACKEREL (SABA) サバ

O sushi de mackerel (conhecido como *saba* em japonês) é feito com a cavalinha marinada sobre o arroz de sushi. Esse tipo de sushi é apreciado por seu sabor distinto e sua textura característica. A cavalinha tem textura firme e ligeiramente oleosa, que causa sensação agradável ao morder. No paladar, o sabor do saba é rico e marcante, com toque intenso de umami e maresia resultante da marinada, geralmente feita com vinagre e sal, que ajuda a equilibrar o sabor natural e forte do peixe, trazendo um toque de acidez e realçando sua doçura sutil. É muitas vezes servido com gengibre ou cebolinha para complementar seu sabor intenso e cortar a oleosidade.

SOROROCA (SAWARA) ブラジリアン サワラ

O sushi de sororoca é feito com fatias da sororoca, peixe de carne branca e firme conhecido por seu sabor suave e sua textura agradável. A sororoca pertence à mesma família do peixe-serra e é apreciada por seu sabor delicado. Em termos de textura, a sororoca é firme, mas macia, e sua mordida apresenta-se consistente sem ser excessivamente densa. No paladar, a carne da sororoca tem sabor leve e refrescante, com doçura natural sutil e nota umami suave, que lembra ligeiramente o sabor da cavala, mas menos intenso.

TAINHA (BORA) 鯔

O sushi de tainha, ou *bora* em japonês, é um peixe de sabor único que oferece uma experiência de degustação distinta. Embora não seja tão comum quanto outros peixes no sushi, a tainha é valorizada em algumas regiões e estações, sobretudo pelo frescor e pela complexidade de seu sabor. Em termos de textura, a carne da tainha é firme e ligeiramente mastigável, o que torna sua mordida satisfatória sem ser dura. No paladar, o sabor da tainha é leve, mas com profundidade umami característica, trazendo notas de maresia e um toque adocicado natural. Quando fresca, a tainha tem sabor suave e limpo, com nota rica e um pouco oleosa que complementa bem o arroz de sushi.

YELLOWTAIL (HAMACHI) 鰤

O sushi de yellowtail (conhecido como *hamachi* em japonês) é feito com fatias de olho-de-boi, peixe muito apreciado por sua textura e seu sabor equilibrado. É um dos sushis mais populares e comuns em restaurantes japoneses, especialmente na forma de nigiri. A textura do hamachi é levemente firme, mas bem macia, com uma mordida suave que se desfaz na boca. No paladar, o yellowtail tem sabor rico e amanteigado, mas ao mesmo tempo suave, com nota umami que proporciona uma experiência de sabor complexa sem ser muito intensa. A carne é delicadamente marmorizada, o que confere uma sensação mais cremosa na boca em comparação com outros peixes.

ROBALO (SUZUKI) 鱸

O robalo (conhecido como *suzuki* em japonês) é um peixe de carne branca e sabor suave, popular em pratos de sushi e sashimi em razão de seu frescor e sua textura delicada. A carne do robalo é firme e levemente elástica, tornando sua mordida macia e agradável. Em termos de sabor, o robalo tem um perfil limpo com leve doçura. Seu sabor é menos oleoso que o de alguns peixes mais intensos, o que o faz ideal para quem prefere peixes de sabor mais delicado e equilibrado.

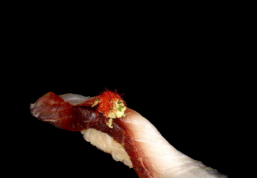

日本の道 · CAMINHO JAPONÊS

烏賊

Lula (ika)

O sushi ika é feito com fatias de lula crua sobre o arroz. A lula tem uma textura suave, firme e levemente mastigável, mas, quando preparada de maneira correta, não deve ser dura. No paladar, o ika é sutil e delicado, e costuma ser pontilhado de leve com cortes finos (ito-gaki) para realçar sua textura e facilitar a mastigação. Esse sushi é com frequência acompanhado de wasabi e pode ser finalizado com um toque de shoyu para realçar o sabor, mas em pequenas quantidades, pois seu sabor é facilmente sobreposto por temperos fortes.

GUESSO 下足

O gunkan guesso é um tipo de sushi (envolto em uma faixa de alga nori) recheado com tentáculos de lula. A apresentação em gunkan é ideal para ingredientes que têm textura e formato irregulares, como os tentáculos de lula, que, assim, mantêm-se firmes sobre o arroz. Em termos de paladar, o gunkan guesso oferece uma textura levemente mastigável, mas ao mesmo tempo tenra, trazendo uma sensação única ao morder. O sabor dos tentáculos é suave, com ligeira doçura natural e frescor marítimo delicado. A alga nori adiciona uma leve crocância e um sabor salgado que complementa o sabor da lula, enquanto o arroz temperado traz equilíbrio à mordida.

蛸

Polvo (tako)

Tako é uma iguaria apreciada na culinária japonesa, com uma variedade de tipos e cortes que encantam os paladares. Seu sushi é valorizado pela textura firme e pelo sabor delicado, sendo uma experiência distinta e apreciada por muitos. A carne do polvo é densa e ligeiramente mastigável, com resistência que exige um pouco mais de mordida, mas sem ser dura. Sua textura única é um dos principais atrativos desse sushi, que promove sensação satisfatória a cada pedaço. No paladar, o sabor do polvo é suave e um pouco adocicado, sem ser forte ou pesado em excesso. O sushi de tako costuma ser servido com um toque de shoyu ou gengibre, que complementam seu sabor de maneira sutil, sem sobrecarregar o delicado gosto do polvo.

PEIXES: A VIDA MARINHA INTEGRADA À CULTURA JAPONESA

海胆

Ouriço (uni)

O sushi de uni é um tipo de sushi gunkan (com arroz envolto em nori) coberto com uni, que são as ovas de ouriço-do-mar. Esse sushi é muito apreciado por seu sabor e sua textura. No paladar, o uni é intensamente cremoso e tem uma textura aveludada que o faz quase dissolver na boca. Seu sabor é distinto e complexo: traz um toque de doçura com notas umami, além de um leve frescor marítimo que lembra o oceano. Quando fresco e de alta qualidade, o uni tem gosto meio adocicado e amanteigado, sem amargor ou cheiro forte.

103

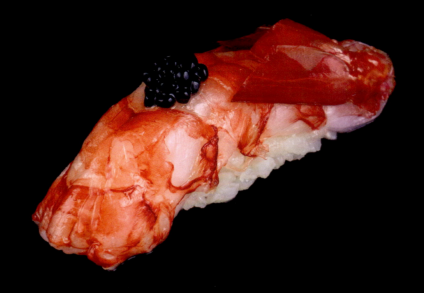

海老

Camarão (ebi)

O sushi de camarão é apreciado pela textura firme e macia, além do sabor leve e refrescante. Sua carne é firme, com leve mastigabilidade e a experiência mostra-se agradável ao paladar. A textura é levemente crocante na parte externa e suave na parte interna, criando um contraste interessante. No paladar, o sabor do ebi é doce e suave, com toque de umami que complementa a leveza do arroz de sushi, sem ser forte demais.

鰻

Enguia (unagi)

Enguia (*unagi*, em japonês) é um peixe de água doce bem apreciado na culinária japonesa, especialmente em pratos como sushi e donburi. O unagi é valorizado por sua carne rica e saborosa, que passa por um processo de grelhado e é pincelada com molho tare, gerando uma experiência de sabor rica e intensa. Em termos de textura, a carne do unagi é macia e meio fibrosa, com consistência mais firme do que a de muitos peixes de sushi, mas ainda assim suave e suculenta ao paladar. O processo de grelhado passa a sensação agradável de derreter na boca, sem ser muito oleosa. No paladar, o sabor do unagi é profundo e complexo, com a combinação de umami e notas levemente doces e defumadas do molho tare, equilibradas pela leveza do arroz de sushi.

日本の道 · CAMINHO JAPONÊS

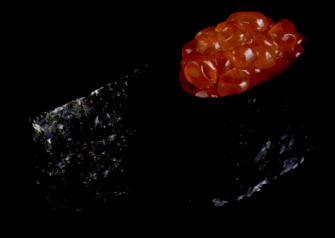

Ovas de salmão (ikura)

O gunkan de ikura é feito com ovas de salmão cuidadosamente colocadas sobre uma base de arroz de sushi envolta em uma faixa de alga nori, formando um "barquinho" que dá ao sushi sua forma característica. As ovas de ikura são bastante valorizadas na culinária japonesa por sua textura única. Elas são pequenas e têm uma casca delicada que estoura com suavidade ao ser mordida, liberando um sabor salgado e muito umami. A sensação de estourar as ovas proporciona uma experiência prazerosa, contrastando com a suavidade do arroz de sushi e a leve crocância da alga nori. No paladar, o sabor do ikura é marcante, com uma intensidade salgada que traz à tona a frescura do mar.

帆立

Vieira (hotate)

As vieiras são um molusco marinho altamente valorizado na culinária japonesa, ainda mais por sua textura leve e seu sabor doce. É uma iguaria apreciada por sua frescura, sendo muitas vezes consumida crua em pratos como sushi e sashimi. Em termos de textura, a carne da vieira é macia, com leve mastigabilidade, o que a torna muito agradável ao paladar. Sua textura quase amanteigada, quando fresca, oferece uma sensação de leveza e frescor, proporcionando uma mordida suave que se desfaz com facilidade. No paladar, o sabor do hotate é doce, com toque de umami, mas sua doçura natural é um dos principais atributos que a torna tão especial.

HOKKIGAI ホッキ貝

Hokkigai é um tipo de molusco marinho que logo se reconhece por sua aparência vibrante, com uma coloração que vai do branco ao vermelho vivo na ponta. Em termos de textura, ele é firme e ligeiramente crocante, mas macio o suficiente para morder com facilidade. Ao paladar, seu sabor é delicado e levemente doce, com um frescor suave e um toque sutil de maresia, sem ser muito intenso. A carne do hokkigai tem um sabor natural que pode ser realçado por uma pequena quantidade de shoyu, mas é preferível não exagerar para preservar seu perfil suave.

Vamos continuar nossa exploração, agora sob a lente da ciência, para compreender também como o tratamento do alimento, desde o seu habitat até sua chegada à mesa para consumo, envolve uma complexa arquitetura de tempos e movimentos, sincronia indispensável para garantir o sabor e a qualidade que tanto apreciamos.

Nestas próximas linhas seremos guiados pelo Dr. César Calzavara, especialista renomado no assunto, para entender a complexidade envolvida na preparação dos alimentos.

Mestre em Recursos Pesqueiros e Aquicultura pela Universidade Federal Rural de Pernambuco (UFRPE), César levará o foco para a qualidade da preparação ao mesmo tempo que levanta a importância de aspectos como estrutura, conhecimento profissional e condições perfeitas dos alimentos encontrados nos restaurantes tradicionais japoneses.

A ciência do pescado e sua relevância na culinária japonesa
por César Calzavara

Pescado

O termo "pescado" abrange um grupo diversificado de alimentos retirados da água para consumo humano. Essa designação, mesmo no singular, engloba todas as espécies e os organismos provenientes do meio aquático utilizados como alimento. Embora comumente se refira a eles no plural como "pescados", a expressão correta é "pescado".

Se nos detivermos apenas nos peixes, ainda assim se trata de um conceito amplo e genérico, com uma infinidade de características distintas. Por exemplo, eles podem ser encontrados em água doce ou salgada, em diversas profundidades e até mesmo com a capacidade de sobreviver temporariamente fora d'água; sua alimentação e reprodução apresentam ampla diversidade, mas todos são classificados sob o termo genérico "peixes".

Para entendermos a complexidade precisamos falar um pouco de taxonomia. A taxonomia, ramo da biologia, é responsável por identificar, nomear e classificar todos os organismos conhecidos no mundo.

A taxonomia hierárquica organiza os seres vivos em diversas classes, de acordo com as categorias de reino, filo, classe, ordem, família, gênero e espécie. O reino, a categoria mais ampla, se estreita gradualmente até chegar à espécie. No entanto, a antiga superclasse *Pisces*, que se situava entre a classe e o filo, não é mais utilizada por ocasião da vasta diversidade dos peixes. Comparar peixes entre si é como agrupar uma galinha, um lagarto e um humano no mesmo saco, dada a notável disparidade entre as espécies de peixes.

Para classificar um grupo de organismos na mesma hierarquia, é necessário que compartilhem um ancestral comum. Surpreendentemente, ao buscar o ancestral comum dos peixes, descobre-se que esse antecessor abrange todos os vertebrados, incluindo os humanos. Essa constatação levanta a questão da validade da denominação "peixes", pois, de acordo com a perspectiva taxonômica, ou todos compartilhamos essa designação ou ela não se aplica a nenhum de nós. A amplitude e a diversidade dos peixes tornam complexa a categorização e ressaltam a intricada teia evolutiva que conecta todas as formas de vida.

Seguem alguns casos que ilustram a complexidade da taxonomia dos peixes. No caso dos peixes ósseos, como dourado, cavalas, salmão ou atum, são classificados como filo Cordata (cordados), subfilo Vertebrados (vertebrados), superclasse Osteíques (peixes ósseos), e daí por diante, chegando em cada gênero e espécie. Os peixes cartilaginosos, como tubarões, arraias e quimeras, formam outra classe, os elasmobrânquios, e destacam-se pela cartilagem no lugar de ossos.

A complexidade taxonômica é acentuada ao considerar que, embora com características únicas, todos esses citados são classificados como peixes. A anatomia e a morfologia dos peixes também revelam ampla variedade; assim, é difícil aprofundar-se em cada tipo específico, mas é possível fornecer uma visão geral da diversidade encontrada nos peixes que habitualmente consumimos.

Anatomia e morfologia

O estudo da morfologia fornece a compreensão da estrutura externa dos peixes, contribuindo para a identificação e classificação das diversas espécies que fazem parte da vasta diversidade aquática.

Para a gastronomia, a morfologia dos peixes influencia diversos aspectos do manuseio e processamento. A identificação das espécies com base na morfologia mostra-se essencial para a gestão eficiente de caixas, prateleiras, câmaras e locais de armazenamento. O conhecimento do formato do peixe é vital para determinar a disposição e otimização desses espaços, pois peixes mais compridos, largos ou pesados exigem diferentes abordagens no armazenamento. A morfologia também afeta a velocidade de resfriamento e congelamento; peixes mais massivos requerem mais tempo para esses processos. Essa consideração é fundamental para garantir a preservação do frescor e da textura da carne. O rendimento da carne também varia significativamente entre as espécies; algumas

apresentam maior rendimento de carne do que outras, e isso impacta diretamente os cálculos de aproveitamento e preço do prato.

Além disso, métodos específicos de decapitação, evisceração e corte são determinados pela morfologia do peixe. Cada espécie pode exigir diferentes técnicas para processamento, destacando a importância de compreender a espécie e o formato do peixe.

As formas fusiformes, tais quais as espécies como bonitos e salmões, são projetadas para otimizar a eficiência hidrodinâmica, conferindo vantagem considerável em termos de velocidade e manobrabilidade. Esses peixes nadam em alta velocidade e/ou por correntezas.

Peixes achatados lateralmente, exemplificados pelo peixe-galo e pelos xaréus, em geral não têm contato com o fundo onde vivem. Ao contrário, os achatados dorso-ventralmente, como arraias-viola e peixes como o tamboril, vivem no leito oceânico, onde a camuflagem e a interação com o substrato são cruciais.

Os peixes globulares, como os baiacus, demonstram habilidade de inflar e assumir uma forma esférica, estratégia eficiente para sua defesa.

Já os peixes anguiliformes, caracterizados por corpos alongados em formato de cobra, incluindo moreias, enguias e lampreias, estão adaptados para deslocamentos eficientes e ágeis em ambientes aquáticos. Sua morfologia favorece a exploração de tocas e espaços intersticiais.

A assimetria, característica menos comum na morfologia dos peixes, pode ser observada nos linguados. Esses peixes se desenvolvem de maneira peculiar, com uma das extremidades assumindo um padrão diferente de simetria. Tal fenômeno evolutivo pode ser atribuído a pressões seletivas específicas associadas ao ambiente de fundo.

Ao estudar essas adaptações morfológicas, somos levados a compreender as estratégias evolutivas pelas quais os peixes colonizaram e prosperaram em uma ampla gama de nichos aquáticos, revelando a extraordinária diversidade presente nas profundezas dos ecossistemas aquáticos.

Na análise do revestimento dérmico dos peixes, uma divisão primordial se delineia entre dois grupos principais: os peixes ósseos, predominantemente dotados de escamas, e os peixes cartilaginosos, tais quais tubarões, arraias e quimeras, cujas escamas exibem características distintas em sua morfologia.

Vale lembrar que alguns peixes ósseos não têm escamas e são chamados de peixes de couro, como os bagres. Nas espécies ósseas com escamas, elas formam uma estrutura dérmica composta de derme e epiderme, enquanto nos cartilaginosos as escamas, conhecidas como placoides, apresentam uma cavidade central que se assemelha à estrutura dentária.

A diversidade intrínseca nas escamas ósseas é evidente, com categorias como ganoides, citenoides e cicloides predominando entre diferentes grupos taxonômicos. Por outro lado, nos peixes cartilaginosos, as escamas placoides – que se assemelham a lixas – são universais, apesar de sujeitas a diferenciações específicas em determinadas espécies, e podem ser exemplificadas pelos tubarões tigre, martelo e lixa.

Além das escamas, merecem atenção outras estruturas dérmicas, incluindo placas ósseas em peixes do tipo cascudo e espinhos característicos em baiacus. Tais adaptações conferem tanto defesa física quanto se destacam como marcadores evolutivos, revelando estratégias adaptativas e mecanismos de sobrevivência em resposta a desafios ambientais específicos.

No contexto dos elasmobrânquios, notadamente os tubarões, as características dérmicas não se limitam a funções defensivas, mas têm papel significativo na otimização da hidrodinâmica. Exemplo notável desse fenômeno é observado nas adaptações da pele dos tubarões, que serviram de incentivo até mesmo para o design de trajes de natação tecnológicos.

Na pele dos peixes destaca-se a linha lateral – característica anatômica dos peixes –, estrutura detentora de um canal que faz parte de seu sistema nervoso e conecta o meio externo ao nervo da linha lateral, dando aos peixes um sentido em toda extensão do corpo.

No sistema nervoso de um peixe, identificamos componentes significativos. Além da linha lateral, temos a roseta olfatória, responsável pela percepção de odores; o globo ocular, que compreende o olho e todas as estruturas internas associadas; e o nervo óptico, que transmite informações visuais ao cérebro.

Entendemos que essas estruturas anatômicas captam informações externas e as levam para o cérebro e a medula espinhal; estes, por sua vez, têm função de receber e processar informações, como dar resposta a estímulos. Dito isso, temos o cérebro, com suas diversas regiões, e a medula espinhal como componentes do sistema nervoso central; juntamente a todas as estruturas nervosas já mencionadas e enervações, eles formam o sistema nervoso.

A relevância do sistema nervoso na gastronomia é grande. O estresse durante o processo de captura pode afetar a durabilidade e a qualidade da carne do peixe. De modo similar aos mamíferos abatidos, um peixe estressado pode acarretar carne de qualidade inferior. Portanto, minimizar o estresse é vital para aprimorar a qualidade e a longevidade do produto final. Se realizado de maneira eficiente, o abate correto reduz o estresse do peixe, além de contribuir para a produção de um produto final de alta qualidade, alinhado com os padrões exigidos na indústria alimentícia.

Se explorarmos o órgão visual dos peixes, é evidente a diversidade adaptativa dos olhos conforme o ambiente que esses animais habitam. Espécies que vivem em grandes profundidades ou em ambientes sem luz com frequência desenvolvem olhos atrofiados, enquanto outras têm olhos notavelmente grandes e desenvolvidos. A variação na estrutura ocular é evidente, mas a anatomia interna dos olhos dos peixes é similar à dos seres humanos.

Na estrutura ocular destaca-se a íris, o cristalino, o humor aquoso, localizado à frente do cristalino e da íris, e o humor vítreo, situado posteriormente. O cristalino, esfera gelatinosa, exibe uma composição transparente e funciona como lente.

É importante destacar que os olhos dos peixes são comestíveis, inclusive a região ao redor do globo ocular. Tal região, com sua musculatura e concentração de gordura, oferece uma experiência gastronômica agradável; a textura delicada e o sabor associado ao olho do peixe são bem apreciados.

No contexto do sistema nervoso central dos peixes a região craniana abriga o cérebro, que se liga à medula espinhal; esta se estende pelo canal medular, passando ao longo das vértebras. Vale lembrar que estamos nos referindo à medula espinhal, logo não confunda com medula óssea, algo completamente diferente e ausente nos peixes.

O crânio e canal medular é o ponto focal para a aplicação da técnica conhecida como ikejime, utilizada na destruição do cérebro e da medula espinhal dos peixes. O processo consiste em perfurar o crânio, o que ocasiona a contusão cerebral e a subsequente destruição da medula com a introdução de uma haste no canal medular – método crucial para garantir uma morte instantânea.

A importância dessa técnica reside na garantia de que o peixe não sinta dor e não experimente estresse prolongado. A destruição do cérebro impede que o peixe continue vivo depois de capturado e gera morte sem sofrimento, o que contribui para a qualidade e durabilidade da carne. Então, a aplicação adequada do ikejime é crucial tanto para a ética no tratamento dos animais quanto para a qualidade final do produto.

A destruição da medula espinhal durante o processo de ikejime não é uma prática fundamentada em razões anatômicas e bioquímicas. Enquanto o cérebro representa a parte consciente do sistema nervoso central, a medula é responsável pelos reflexos rápidos e inconscientes.

Mesmo após a morte cerebral, embora o peixe já não sinta mais nada depois de ter o crânio perfurado, a medula espinhal pode continuar enviando sinais nervosos para a musculatura do peixe. Isso resulta em vibrações musculares e espasmos, uma vez que as células ainda metabolicamente ativas acabam utilizando sem necessidade a energia de que ainda dispõem, incorrendo em morte celular mais rápida.

A rapidez na morte celular influencia diretamente a fase de *rigor mortis*, que é a transformação bioquímica do músculo em carne. Ao desacelerar esse processo por meio da destruição da medula espinhal, podemos prolongar a "vida celular" e, em consequência, a duração do período pré-*rigor mortis*, proporcionando uma vida mais longa de prateleira do produto.

A destruição coordenada do cérebro e da medula espinhal, aliada a outras práticas como sangria e evisceração, aumenta a durabilidade do peixe e assegura que ele, agora transformado em alimento, mantenha suas características sensoriais e bioquímicas por um período prolongado. Entender a circulação sanguínea é fundamental para preservar a qualidade da carne e minimizar riscos microbiológicos.

O coração dos peixes, situado na região ventral da cabeça e anterior à primeira nadadeira ventral, é responsável por bombear o sangue, que, juntamente às veias e artérias, compõe o sistema vascular.

O cone arterioso, pulsante por causa de sua ligação direta ao coração, transporta sangue pobre em oxigênio para as guelras. Entender a pulsação é essencial na prática da sangria. Cortes em artérias durante a sangria geram jatos vigorosos e garantem a completa eliminação do sangue, que, rico em nutrientes, seria propício para o desenvolvimento bacteriano.

O sangue é um meio extremamente nutritivo para bactérias, substrato ideal para seu crescimento. Essa característica enfatiza a importância da sangria eficiente na preservação da qualidade da carne.

Uma sangria insuficiente pode levar a um sabor mais pronunciado, pois o sangue, com seu gosto característico, permanece na carne. O coração, por sua vez, é uma parte comestível, mas sua rápida decomposição requer cuidados específicos por sua natureza de víscera. Ao contrário de bovinos, suínos e aves, em que as vísceras são prontamente separadas e tratadas após o abate, isso nem sempre se processa com peixes. Vísceras, incluindo o coração, têm uma taxa de decomposição mais rápida em comparação com a carne muscular do peixe. Esse fato ressalta a necessidade de tratamento imediato. Cada víscera deve receber atenção específica quanto a limpeza, refrigeração e, se necessário, pré-cozimento para viabilizar sua utilização na gastronomia.

A troca gasosa, essencial para sobrevivência, ocorre nas guelras, local em que o oxigênio é absorvido e o dióxido de carbono, liberado. Essa interdependência entre o sistema respiratório e cardiovascular é evidenciada também na bexiga natatória, que, por sua vez, influencia diretamente a flutuabilidade do peixe. A habilidade de inflar e desinflar a bexiga natatória é uma adaptação incrível de alguns peixes. Quando desejam subir à superfície, os peixes inflam a bexiga natatória, adquirindo flutuabilidade positiva; em contrapartida, absorvem gases da bexiga natatória para ficar mais pesados em relação à água, podendo submergir em profundidades maiores.

As guelras, fundamentais para o processo respiratório dos peixes, são projetadas para a troca de gases com a água. Sua localização e seu formato fazem com que a água flua entre elas, facilitando a troca gasosa. O sangue, enriquecido em dióxido de carbono e empobrecido em oxigênio, passa pelos capilares das guelras enquanto a água circula, promovendo a troca gasosa vital.

Existe uma prática comum em feiras e estabelecimentos de venda de peixe, que é verificar as guelras como indicadores de frescor. A observação das guelras é uma ferramenta confiável para quem lida com aquisição e preparação de peixes, pois pode fornecer informações essenciais sobre a qualidade do peixe.

As guelras ideais devem exibir aparência vívida, brilhante, e de cor vermelha intensa, com muco translúcido. A presença de opacidade, palidez, escuridão ou odores desagradáveis indica um peixe que já foi capturado há algum tempo. Contudo, é importante ressaltar que guelras com algumas alterações não indicam necessariamente que o peixe está impróprio para consumo.

Todavia, deixá-las intactas no peixe pode acarretar problemas futuros. À medida que o peixe envelhece, as guelras deterioram-se, liberando odores desagradáveis e criando um ambiente propício para a proliferação bacteriana. Recomenda-se, então, removê-las o quanto antes para evitar contaminação e garantir a segurança alimentar. A polêmica em torno da remoção das guelras é conhecida, especialmente entre feirantes e donas de casa. Enquanto alguns acreditam que se deve manter as guelras preservadas para mostrar o frescor, outros defendem a retirada para evitar complicações futuras. A discussão persiste, mas a remoção é prática recomendada para prevenir contaminação e assegurar a qualidade do peixe.

Ao lidar com peixes congelados, é crucial considerar que as guelras são sensíveis a esse processo. Congelar e descongelar um peixe pode resultar em guelras praticamente desfeitas, o que vem comprometer sua integridade. Portanto, ao planejar armazenamento prolongado, é aconselhável retirar não só as guelras mas todas as vísceras do peixe para evitar potenciais problemas de contaminação e manter a qualidade bacteriana sob controle.

Ainda fazendo a ligação com o sistema circulatório, temos o rim dos peixes que funciona como filtro sanguíneo e que se junta às gônadas para formar o sistema urogenital.

O rim normalmente não é identificado. Embora muitos que trabalham com peixes o vejam com frequência na hora da evisceração ou limpeza, a maioria não sabe do que se trata. O rim nos peixes situa-se logo abaixo da coluna vertebral, na parte interna da cavidade visceral, e tem aparência de um coágulo sanguíneo ou, como muitos chamam, de "sangue batido". Com papel vital na purificação do sangue, filtrando impurezas e eliminando resíduos metabólicos, o rim contribui para manter o equilíbrio homeostático do organismo. Seu formato alongado e sua fragilidade fazem dele um órgão desafiador de ser manipulado durante a evisceração. É bem difícil retirar o rim inteiro; faz-se a retirada normal por dois cortes ao longo da coluna, seguidos de escovação e lavagem.

Ao abordar as diferenças entre os sexos, percebem-se as características a seguir. Os ovários, que representam as gônadas femininas, contrastam com os testículos, gônadas masculinas. Estas se destacam por sua dimensão mais reduzida e textura singular. Observa-se uma clara diferenciação, sendo os testículos de tom mais claro, textura lisa e conteúdo leitoso; já os ovários femininos contêm ovócitos no seu interior, no formato de pequenas bolinhas que podem variar de tamanho e cor dependendo da espécie. No decurso do ciclo reprodutivo dos peixes, tanto machos quanto fêmeas experimentam alterações significativas em termos de volume e maturação das gônadas; nesse processo cíclico, as gônadas femininas atingem seu auge no período reprodutivo, tornando-se alvo desejável para a culinária.

A distinção entre ovos, gônadas e ovócitos é crucial para a compreensão dos diferentes componentes presentes no sistema urogenital dos peixes. A terminologia pode variar, sendo comum referir-se às gônadas femininas como "ovas", denominação encontrada inclusive na legislação brasileira.

As ovas de salmão, chamadas pelos japoneses de *ikura* e bastante apreciadas com sua cor laranja e seu sabor agradável, são ovócitos retirados de dentro das gônadas femininas. O mesmo ocorre com o desejado e valorizado caviar, que é retirado de dentro dos ovários das fêmeas dos esturjões (família *Acipenseridae*) e também são ovócitos.

A *bottarga* para os europeus, ou *karasumi* para os japoneses, é exemplo de como os ovários da tainha (*Mugil spp*) podem ser trabalhados. A colheita precisa ser feita no momento específico em que as gônadas estão em maturação, garantindo textura e sabor ideais. A cura com sal, e saquê no caso do *karasumi*, além da desidratação, resulta em uma iguaria apreciada em todo o mundo.

Outra aplicação culinária dos ovários é a criação de caldos, destacando-se o caldo de ovas de curimatá (*Prochilodus lineatus*) como opção saborosa. Esses caldos são preparados dos ovócitos presentes nas gônadas das fêmeas.

As ovas de peixe-voador (família *Exocoetidae*), conhecidas pelos japoneses como *tobiko*, são ovos fecundados e coletados por pescadores depois que as fêmeas depositam em forma de cachos em atratores flutuantes no mar.

Ultimamente temos visto a comercialização de ovos fecundados de bagre branco (*Genidens barbus*), muitas vezes com embriões visíveis em seu interior, que são curados e estão sendo bastante apreciados nos restaurantes japoneses no Brasil.

Por que o sistema digestivo é tão crucial na gastronomia? Encontramos a resposta principalmente na prevenção de contaminações. O intestino, repleto de bactérias contaminantes e possíveis parasitas, destaca a importância da segurança alimentar ao trabalhar com peixes.

Mas nem tudo está perdido, o fígado de peixe emerge como iguaria comestível e gera sabores distintos. Vale lembrar que o fígado é uma víscera que pode ser apreciada quando devidamente tratada e preservada. Pode ser destaque, comparável ao renomado foie gras – de pato ou ganso. Alguns peixes, em especial aqueles que podem acumular gordura no fígado, oferecem uma deliciosa versão do foie gras, como o beijupirá (*Rachycentron canadum*). Esses peixes de cultivo, alimentados abundantemente em ambientes controlados, contêm quantidade generosa de gordura no fígado, o que resulta em uma iguaria de alta qualidade e sabor excepcional.

Outros exemplos notáveis incluem o fígado de tamboril (*Lophius piscatorius*) e o fígado de bacalhau (*Gadus morhua*), ambos explorados na culinária de diversos lugares do mundo. A apreciação desses fígados demanda cuidado e prontidão na evisceração, pois são órgãos que entram em decomposição mais rápido do que a musculatura do peixe.

Como toda carne de peixe é derivada dos músculos, o sistema muscular desempenha papel crucial na gastronomia. Os cortes primários como filés incluem o lombo dorsal e o lombo ventral. Embora esses sejam os cortes mais comuns e aproveitados, existem regiões menos convencionais que em alguns peixes podem ser aproveitadas, como as bochechas de sirigado (*Mycteroperca bonaci*), carnudas o suficiente para que se retire um corte específico. Mas na maioria dos peixes a cabeça é utilizada para criar caldos e molhos, proporcionando alternativas de evitar desperdícios e ampliar as opções.

É importante entender que, apesar de diferente da carne, o músculo se transforma em carne. A chave para entender essa mudança está no fenômeno do *rigor mortis*. Esse momento, em que as miofibrilas – compostas de proteínas actina e miosina – se ligam e formam o complexo actomiosina, é o ponto de partida para a transformação.

Durante o *rigor mortis*, as fibras musculares entram em contração, mas a ausência de energia impede a descontração, deixando o peixe rígido. A transição do músculo para carne macia só ocorre quando enzimas proteolíticas entram em cena. Essas enzimas quebram as proteínas da musculatura; com isso, o complexo actomiosina é desfeito, libertando a carne do seu estado anterior de músculo rígido, aminoácidos são liberados e a carne torna-se mais palatável e com a textura que conhecemos.

As cores da carne de peixe variam significativamente, refletindo diferentes pigmentações. A carne dos salmonídeos é alaranjada em razão da astaxantina, pigmento natural encontrado em crustáceos, camarões e krill. Em cativeiro, esses peixes recebem astaxantina na ração para adquirir a coloração característica. O espadarte (*Xiphias gladius*) também pode variar dependendo da alimentação na natureza. O fenômeno conhecido como *pumpkin swordfish* sucede quando o peixe se alimenta de crustáceos, resultando em uma coloração alaranjada.

Os atuns (gênero *Thunnus*), o agulhão de vela (*Istiophorus albicans*) e o xaréu (*Caranx hippos*) exibem carne avermelhada em consequência da alta concentração de mioglobina, necessária por causa da intensa atividade do peixe. A carne pode variar em tons, indicando diferentes níveis de atividade. Peixes de carne branca, como a tilápia (*Oreochromis niloticus*), têm baixa mioglobina, dando origem a uma carne mais clara.

Há casos peculiares, como o lingcod (*Ophiodon elongatus*), cuja carne pode ser azulada pela presença de biliverdina, pigmento presente na bile. Embora a maioria dos peixes dessa espécie tenha carne branca, alguns apresentam coloração azulada, sem explicação clara para essa variação.

Na lateral dos peixes, é comum observarmos uma musculatura mais escura e avermelhada, conhecida como "linha de sangue". Essa musculatura, presente em todos os peixes, é mais proeminente em peixes mais ativos e se mostra altamente rica em mioglobina. A mioglobina, com sua molécula de ferro, confere sabor mais intenso a essa região. Chamada de músculo escuro, é estratégica e propicia que o peixe nade de maneira contínua sem se cansar, sendo utilizada para movimentos suaves, enquanto a musculatura mais clara entra em ação para movimentos intensos, como ataques ou fugas.

O músculo escuro pode ser consumido; seu sabor intenso deve-se à alta concentração de mioglobina. Tal concentração faz com que essa região tenda a se deteriorar mais rapidamente, alterando a cor e adquirindo sabor mais pronunciado. Portanto, é crucial utilizar o músculo escuro enquanto ainda está vibrante e com coloração vermelho vivo.

É importante perceber que as fibras musculares dos peixes diferem das dos mamíferos e aves. Enquanto os músculos dos mamíferos atuam na tração dos ossos, os músculos dos peixes têm fibras musculares divididas em miômeros e formam essencialmente um padrão em "W". Ao realizar o corte transversal de um peixe em posta, pode parecer que as fibras musculares seguem esse formato de círculo, mas na verdade elas vão para a parte cranial e voltam para a caudal, criando uma estrutura que se assemelha a uma onda. Os mioceptos, localizados nas interseções dos miômeros, fazem a conexão nessa estrutura muscular. Ao observar um peixe com a pele removida, torna-se evidente o formato dos miômeros, com a região central destacando o músculo escuro. Essa organização peculiar tem a finalidade de facilitar a natação. O movimento realizado pelos peixes impulsiona toda a força do corpo em direção à nadadeira caudal, responsável pela propulsão. Essa disposição muscular é fundamental para o sucesso na vida aquática dos peixes.

As fibras musculares, os tecidos conectivos e gordura dos peixes atuam no sabor, na textura e na cor da carne. Ao analisar três cortes de atum – akami (parte menos gordurosa), chutoro (parte intermediária) e otoro (parte da barriga mais gordurosa) –,

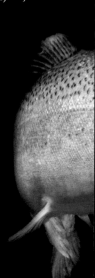

percebemos variações nas fibras musculares e na quantidade de gordura, que influenciam diretamente a textura, o sabor e a cor.

A região da barriga e próxima aos olhos dos peixes é propensa a acúmulo de gordura, mesmo em peixes magros. A parte da barriga, apesar de mais fibrosa e com muito tecido conectivo, pode se destacar quando consumida crua. Em peixes, esses tecidos são bem frágeis e costumam se desfazer com o aumento de temperatura, resultando em uma carne mais macia – sobretudo se cozida.

O sistema esquelético desempenha papel crucial na gastronomia, em particular quando se trata das espinhas que, na realidade, são os ossos finos dos peixes. No esqueleto dos peixes encontramos grande variedade de formatos de ossos, incluindo costelas, ossos achatados do crânio, processos espinhosos das vértebras, assim como os raios das nadadeiras. As espinhas merecem atenção especial para evitar problemas durante o preparo e o consumo.

Ao falarmos das vértebras, é importante notar que elas fazem parte da coluna vertebral. Como já mencionado, seu canal medular fica na parte superior, por onde passa a medula espinhal. Logo abaixo do corpo vertebral temos a artéria principal, que leva o sangue para todo o peixe, e entre as vértebras temos o disco intervertebral, estrutura que atua como amortecedor, pois evita o contato direto entre as vértebras. O núcleo pulposo do disco intervertebral tem textura semelhante à gelatina, então é comestível e seu sabor, levemente salgado.

Diferentes tipos de peixe apresentam esqueletos distintos. O esqueleto de um baiacu-de-espinho (*Diodon hystrix*), por exemplo, parece quase um quebra-cabeça. No caso do tambaqui (*Colossoma macropomum*), peixe de água doce, as espinhas em "Y" ou bipartidas tornam o processo de filetagem desafiador, destacando a importância de conhecer a anatomia de cada tipo de peixe ao trabalhar com eles.

No caso do espadarte, peixe praticamente desprovido de espinhas, a estrutura da sua coluna vertebral central e os ossos das nadadeiras facilitam o corte. O bico do espadarte é como um prolongamento do maxilar superior e é realmente grande, ressaltando a diversidade nos sistemas esqueléticos dos peixes.

Facas: nas mãos dos artesãos, a precisão dos samurais

Chegamos ao ponto em que equilíbrio, estética e técnica ganham a excelência da precisão. Influências pré-históricas, profundamente antigas, moldaram os caminhos anteriores. Agora, neste ponto, retornamos ao início da jornada, quando se comentou sobre o quanto valores, filosofia e princípios regem a cultura japonesa, evoluindo para a técnica da precisão.

As facas, com formas únicas, afiação precisa e otimização para atender às demandas dos chefs japoneses, evoluíram desde os tempos dos samurais. E os artesãos mantêm a arte de manejo das facas com refinamento na precisão, na qualidade e no design. Quando chegam às mãos dos chefs, todo aprendizado é realizado com presteza, levando a cultura japonesa e a originalidade da natureza à mesa com delicadeza e precisão.

日本の道 · CAMINHO JAPONÊS

A rica história das facas japonesas, conhecidas como hocho ou nihon-bōchō, remonta ao tempo dos samurais. No período feudal do Japão, os samurais carregavam katanas, suas espadas, mas também valorizavam facas afiadas como ferramenta essenciais para suas necessidades diárias e rituais.

Essas facas, inicialmente utilizadas para aplicações mais práticas, evoluíram com ao tempo para atender às demandas específicas da culinária japonesa. Os samurais valorizavam a precisão e a eficiência, princípios que foram transferidos para o design das facas japonesas modernas. Cada região do Japão desenvolveu as próprias variações de facas, resultando em ampla diversidade de estilos, forma e tamanhos. Os mestres artesãos, chamados de toshyō ou kajiya, foram os autores dessas obras-primas afiadas.

Os materiais de alta qualidade, como o aço de Damasco, eram empregados com frequência, o que proporcionava uma nitidez excepcional e durabilidade. A técnica tradicional de forjamento, conhecida como honyaki, continua a ser uma arte refinada, em que o aço é aquecido e resfriado repetidamente para atingir a resistência desejada.

Com a transição para a era Edo, as facas japonesas foram aperfeiçoadas para atender às necessidades culinárias específicas. Desenvolveram-se facas como santoku e nakiri para preparar uma variedade de alimentos, enquanto se projetaram facas de sashimi para cortar fatias finas de peixe cru. Cada faca tinha forma única e lâmina afiada, otimizada para suas funções específicas na cozinha.

Na era contemporânea, as facas japonesas conquistaram renome mundial por sua qualidade excepcional. Chefs profissionais e entusiastas da culinária apreciam essas facas por sua afiação precisa, seu equilíbrio e sua elegância. Além disso, a busca constante por aprimoramento levou ao desenvolvimento de facas híbridas, que combinavam técnicas tradicionais com designs modernos e materiais inovadores.

Em resumo, as facas japonesas incorporam uma narrativa fascinante que se estende dos samurais à culinária contemporânea. Sua evolução reflete não apenas a maestria técnica dos artesãos japoneses, mas também a profunda conexão cultural entre tradição e inovação na arte de cutelaria

Afiação: arte e precisão

A afiação das facas japonesas é uma arte refinada que conjuga tradição, habilidade manual e compreensão profunda dos materiais envolvidos. As técnicas empregadas para afiar essas facas são fundamentais para manter sua precisão e nitidez excepcionais. No decorrer da história, os mestres afiadores, conhecidos como togishi, aprimoraram métodos que se tornaram parte integral da cultura japonesa da cutelaria.

A primeira etapa no processo de afiação é a escolha das pedras. As pedras de afiar japonesas, chamadas de ishi, variam em granulação e composição, abrangendo diferentes níveis de abrasividade. As pedras mais grossas removem irregularidades e reparam bordas danificadas, enquanto as pedras mais finas fazem o polimento da lâmina, que fica com um fio afiado e duradouro.

Uma técnica comum é o uraoshi, que envolve a afiação da parte de trás da lâmina, também conhecida como ura. Isso é crucial para manter um ângulo consistente e melhorar a curvatura da lâmina. A lâmina é então virada e a face frontal, ou omote, afiada por meio de movimentos precisos e controlados.

O processo envolve, muitas vezes, a aplicação de técnicas específicas para cada tipo de faca. Por exemplo, facas de sashimi podem ser afiadas com ângulo mais agudo para cortes finos, enquanto facas de legumes, como nakiri, podem exigir ângulo mais amplo para suportar o impacto de cortar ingredientes mais duros.

A honing rod, vara de aço utilizada para alinhar a borda da faca, é frequentemente empregada no processo de afiação. Os tosquiadores experientes realizam movimentos suaves e controlados ao longo da haste, garantindo que a lâmina permaneça alinhada e pronta para cortar com precisão.

E a paciência é uma virtude nesse processo, que requer habilidade e compreensão profunda dos materiais e técnicas envolvidos. Mestres afiadores passam horas aperfeiçoando cada uma das lâminas, buscando equilíbrio ideal entre afiação e preservação da integridade do aço. Movimentos precisos e repetitivos são essenciais para alcançar o fio desejado, e a prática constante é crucial para dominar essa arte. A técnica e todo conhecimento são passados de geração em geração, garantindo que as facas japonesas continuem a ser símbolos de qualidade e precisão na culinária.

O lado técnico das facas

Para que o leitor tenha compreensão mais aprofundada dos detalhes técnicos das facas japonesas e aprenda seus tipos, cuidados, manuseios e cortes proporcionados, convidamos o especialista Marcos Miura, conhecedor exímio da arte das facas e fornecedor para chefs e restaurantes de todo o mundo.

Nascido no Paraná, Marcos Miura migrou para o Japão aos 16 anos. Aos 29 anos, abriu uma empresa que importava produtos do Brasil para a comunidade brasileira no Japão. Com a popularização da culinária japonesa no mundo inteiro, os utensílios para sua preparação também passaram a ser objeto de desejo das pessoas no Brasil. O negócio de Miura evoluiu anos depois com um site em português e se expandiu para loja física e site em outros idiomas. Hoje, a empresa Miura Knives – Direto do Japão dispõe da maior variedade de marcas de facas no Japão, com vendas para diversas localidades. Por seu contato diário, Miura é um dos maiores especialistas de facas nipônicas no mundo.

Nas próximas páginas, ele vai levar você a uma viagem sobre o universo das facas, explicando desde os tipos aos cuidados e utilização.

Tipos de faca
por Marcos Miura

Facas tradicionais japonesas

O Japão é uma terra de longas tradições, onde o conhecimento e as experiências acumuladas em centenas de anos são passados do mestre para o aprendiz, do professor para o aluno. As facas tradicionais japonesas têm sua origem nas espadas dos samurais, e as técnicas de fabricação foram transmitidas e aperfeiçoadas durante as gerações seguintes.

A busca pela lâmina perfeita

Uma lâmina perfeita pode fatiar ou cortar os ingredientes sem esforço. Em contrapartida, uma faca sem fio pode esmagar o alimento, alterando sua textura e seu sabor. As facas tradicionais japonesas têm o fio de um lado só, particularidade que faculta um corte mais preciso. Na culinária japonesa, além do sabor, o aspecto estético e visual é muito valorizado. Por isso, as facas se tornaram extremamente importantes, contribuindo para um corte preciso, limpo, liso e brilhante de um salmão, por exemplo.

A seguir, apresentamos alguns tipos das mais tradicionais facas japonesas:

TAKOHIKI

Versão da região de Kanto (Tóquio) da faca Yanagiba, sua lâmina é mais estreita e seu diferencial é a ponta retangular. Apesar de o nome remeter ao polvo (tako), essa faca também pode ser utilizada para os cortes de peixes, assim como a Yanagiba.

DEBA

É uma faca grossa e pesada que serve para filetar e cortar os ossos e espinhos do peixe. Também tem fio de corte somente em um dos lados.

YANAGIBA

Normalmente, é uma faca com o fio de um lado só, uma lâmina longa e fina. É usada para fatiar e preparar cortes delicados de peixes. É a primeira faca que um sushiman adquire.

FUGUHIKI

Utilizada para fatiar o baiacu (fugu). Tradicionalmente, o peixe é servido em pratos pintados e em fatias bem finas, para que o desenho do prato possa ser visto. A faca também pode ser utilizada para o preparo de outros peixes, quando houver necessidade de maior delicadeza. Seu formato é semelhante ao da Yanagiba, porém ela é mais fina e estreita.

...UBA

...uso profissional, é
...faca tradicional para
...mes e muito utiliza-
...a culinária japonesa.
...da para cortar "fo-
... finas" de legumes,
... nabos e cenouras,
...fio é só de um lado,
...ue possibilita cortes
...isos. Origem: região
...Kanto (Tóquio).

MIOROSHIDEBA

Junção das facas Deba e Yanagiba. Como é mais longa e fina do que a Deba, pode filetar e até mesmo fatiar o peixe.

USUBA KAMAGATA

Também de uso profissional, como a anterior, é uma faca tradicional japonesa para legumes. Diferente da versão de Tóquio, essa faca tem uma ponta arredondada que facilita trabalhos detalhados e é empregada no corte de "folhas finas" de legumes como nabos e cenouras. Origem: região de Kansai (Osaka).

MENKIRI

Usada para cortar massas, soba e pratos semelhantes.

KIRIDASHI

Serve para fazer cortes e esculturas em legumes e frutas.

SUSHIGIRI

Faca especialmente desenhada para cortar sushi e futomaki. Com a lâmina curvada, seu corte é preciso e limpo, sem esmagar o arroz e o recheio. Corta-se o futomaki em três movimentos. Com a ponta, é aberto um corte na parte superior; em seguida, a faca é puxada e empurrada para cortar e separar uma fatia.

Facas japonesas no estilo ocidental

GYUTO

Conhecida como a faca do chef, é um tipo mais polivalente para uso profissional. Corta carnes, peixes, verduras, pão, entre outros.

PETIT

É a versão menor da faca do chef. Utilizada para trabalhos mais delicados, como também para cortar e descascar frutas, verduras e legumes.

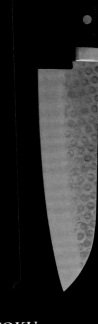

SANTOKU

Faca multiúso, corta carnes, peixes, verduras, entre outros. É a melhor faca para uso geral em casa.

NAKIRI

Faca utilizada para cortar e picar verduras. Tem formato semelhante ao da faca Usuba, porém a lâmina é fina e seu fio é duplo.

SUJIHIKI

Conhecida como faca fatiadora, sua lâmina longa foi projetada, originalmente, para separar os nervos e músculos da carne. Também é utilizada para cortar blocos de carnes ou fatiar. Alguns profissionais também a utilizam como substituta da Yanagiba para cortar fatias de sashimi.

BONING KNIFE

Desossador no estilo ocidental, separa a carne do osso.

YO-DEBA

É uma faca do chef, com lâmina mais grossa. Pode ser utilizada tanto para cortar carnes com ossos, alimentos semicongelados, caranguejos, ostras, entre outros, quanto para limpar aves e peixes.

HONESUKI

Clássico desossador estilo japonês, é projetado para separar a carne do osso. Também pode ser utilizado para abrir e limpar o peixe.

日本の道 · CAMINHO JAPONÊS

PARING

Sua lâmina curta é ideal para descascar frutas e vegetais. Também é utilizada para trabalhos delicados.

STEAK KNIFE

Faca projetada para cortar bifes.

PÃO

Faca com dentes para cortar pães.

Tipos de forja

HONYAKI E KASUMI

As facas tradicionais japonesas podem ser divididas em duas classes, com base no material e no método usados na fabricação: honyaki e kasumi. Cada uma tem suas vantagens e desvantagens, como podemos visualizar neste comparativo:

	Honyaki	**Kasumi**
Preço	Elevado	Acessível
Amolação	Difícil	Relativamente fácil
Dureza	Muito duro	Duro
Durabilidade	Quebradiço	Menos quebradiço
Tipos de aço	Aogami, shirogami, inox	Aogami, shirogami, ginsan
Recomendado para	Somente para profissionais	Iniciante até profissional

Honyaki são fabricadas com um só material. A durabilidade do seu "fio" é a maior entre as facas japonesas. Entretanto, por ser um aço muito duro, existe o risco de a faca quebrar ou rachar caso haja manuseio impróprio. É necessário grande habilidade do artesão para a forja. O mesmo cuidado é necessário para seus detentores.

Kasumi significa névoa ou neblina e se refere à aparência enevoada do corpo da lâmina em contraste com a aparência brilhante do aço-carbono. As facas kasumi são fabricadas da junção entre o aço "mole" e o aço-carbono. Após forjar, martelar e moldar, o aço-carbono se torna o fio da lâmina e o aço "mole", o corpo. Se fosse um sanduíche, o aço-carbono seria o recheio e o aço mole seria o pão. Essa fusão reduz o risco de a faca se quebrar e faz com que ela fique mais fácil de amolar. São mais fáceis de manusear do que as honyaki, mas a durabilidade do seu "fio" é menor.

Tipos de aço para as lâminas das facas japonesas

A Proterial (antiga Hitachi Metals Ltd.) é uma das principais fabricantes de metais e materiais de alta qualidade no Japão.

Ela é conhecida como a fabricante dos YSS Yasuki hagane (Yasuki Special Steel) para a indústria de talheres e cutelaria. A cidade de Yasuki situa-se na província de Shimane, onde o aço hagane era produzido de forma artesanal desde tempos remotos, sendo utilizado para a produção das espadas dos samurais.

A seguir, explicamos as características de cada aço:

AÇO-CARBONO

White steel – Shirogami

Aço-carbono refinado, sem nenhum outro ingrediente. Se forjado com as temperaturas e os modos adequados, cria uma lâmina com ótimo corte e fácil de amolar, perfeito para fabricar facas especiais, plainas, formões, entre outros.

Blue steel – Aogami

Aço feito da adição de cromo e tungstênio ao white steel (shirogami), o que torna o fio mais durável. Normalmente, é o material usado nas facas mais caras. Quando se opta pelo corte e pela dureza, diminui-se a quantidade de carbono. Quando se opta por resistência, aumenta-se a quantidade de carbono. Dependendo da finalidade de cada faca ou lâmina, opta-se por um desses materiais.

Blue steel super – Aogami super

É o melhor dos três aços. Tem alta porcentagem de carbono e cromo, que aumenta a dureza e a durabilidade do fio de corte.

Tipo de aço	Elementos químicos (%)						
	Carbono	Silício	Manganês	Fósforo	Enxofre	Cromo	Tungstênio
Shirogami nº1	1,25-1,35	0,10-0,20	0,20-0,30	~0,025	~0,004		
Shirogami nº2	1,05-1,15	0,10-0,20	0,20-0,30	~0,025	~0,004		
Shirogami nº3	0,80-0,90	0,10-0,20	0,20-0,30	~0,025	~0,004		
Kigami nº2	1,05-1,15	0,10-0,20	0,20-0,30	~0,030	~0,006		
Aogami nº1	1,25-1,35	0,10-0,20	0,20-0,30	~0,025	~0,004	0,30-0,50	1,50-2,00
Aogami nº2	1,05-1,15	0,10-0,20	0,20-0,30	~0,025	~0,004	0,20-0,50	1,00-1,50
Aogami Super	1,40-1,50	0,10-0,20	0,20-0,30	~0,025	~0,004	0,30-0,50	2,00-2,50
Ginsan (silver nº3)	0,95-1,10	~0,35	0,60-1,00	~0,030	~0,020	13,00-14,50	

AÇO INOX

Molibdênio vanádio

Com a adição dessa liga, houve aumento da resistência contra a ferrugem e a durabilidade do fio de corte.

VG-10

Proporcionou aumento da resistência à ferrugem. Muito popular nas facas fabricadas em Seki, Echizen e Sanjo.

Ginsan (silver 3)

Aço inoxidável leve, com fio de corte duradouro, fabricado igualmente pela Hitachi, assim como os aços-carbono shirogami e aogami. Com a adição de carbono, a duração do fio aumentou quase tanto como o shirogami e aogami, contando com a vantagem de ser resistente à ferrugem.

A-10

O aumento na porcentagem de carbono aumenta também a durabilidade da lâmina, que não perde a flexibilidade, mesmo sendo temperado.

Como cuidar das facas de carbono japonesas e preservá-las

Ao utilizar

Para facilitar a preservação da faca, é preciso tomar cuidado ao utilizá-la.

Após cortar o alimento, limpe a faca com um pano úmido bem torcido. Se isso não for feito, a lâmina é capaz de mudar de cor e enferrujar (verduras como a cebolinha, que tem resquícios líquidos, podem provocar mudança de cor mesmo limpando com pano).

Então, limpe a faca sempre após cortar. Acostume-se com isso e a preservação será mais fácil.

Após utilizar

Depois de usar, lave bem a faca com detergente, limpe com pano seco e guarde na caixa ou coloque na bainha. Se for necessário, afie.

Não é uma boa ideia passar a faca na água quente ou no fogo com a finalidade de secá-la mais rapidamente após a lavagem. Se submetida a água quente após a água fria, a lâmina pode rachar em razão do choque térmico.

No caso da faca Mizu Honyaki Waboucho (faca japonesa forjada inteiramente em um único aço e resfriada em água), o cuidado deve ser ainda maior.

Colocar a faca no fogo pode fazer com que a forja da lâmina volte ao estado anterior, acabando com a dureza e, consequentemente, deixando o fio mole e sem corte. Se possível, passe uma camada fina de óleo na faca (que pode ser azeite de oliva na falta de materiais mais apropriados).

Se a faca enferrujar

Mesmo com a aplicação de todos os cuidados necessários, a faca pode enferrujar. No aço-carbono a ferrugem não se limita à super-

fície e pode trazer corrosão profunda. Nunca ignore a ferrugem no princípio, pois em algumas situações se torna irreversível.

No caso das facas japonesas como a yanagiba, deba e usuba, com fio de um lado só, a ferrugem vinda do lado de trás (lado reto) pode se aprofundar, atingir o fio e inutilizar. Se a ferrugem se alastra, forma uma espécie de cratera e, na maior parte das vezes, essa parte não tem mais como ser afiada.

O importante é eliminar a ferrugem logo no começo. A seguir, um passo a passo recomendado:

1. Coloque um limpador multiúso em um pedaço de verdura (ponta do nabo, núcleo do repolho) ou no papel-toalha;

2. Disponha a faca sobre a tábua de corte e esfregue a parte enferrujada;

3. Fio da lâmina: a posição correta para evitar riscos de se machucar é o cabo virado para o seu lado e a ponta da faca à frente (o movimento é sempre do começo para a ponta da lâmina na vertical);

4. Na parte onde normalmente fica o nome do fabricante, os movimentos são na diagonal;

5. O verso também deve ser esfregado na diagonal de acordo com os riscos.

Existem "borrachas" especiais para retirar ferrugem (como o sabitoru). A mais indicada é a com gramatura média. Se a ferrugem não puder ser eliminada com o limpador ou a borracha, é preciso buscar ajuda de um afiador profissional.

Eliminação de manchas

A faca de aço-carbono pode manchar com resquício e gordura dos alimentos. Isso acontece pela reação do metal às substâncias e não se considera um problema grave como a ferrugem, sendo mais uma sujeira no corpo da lâmina.

Para resolver o problema, basta esfregar a faca com algum produto de limpeza desengordurante.

Formas de corte com a utilização das facas japonesas

Variações no corte

Assim como há postura e formas de manusear a faca, também existem vários tipos de corte. Neste livro, apresentamos os cortes com a indicação da faca japonesa adequada, porém a base é a mesma no caso de facas ocidentais. A preparação dos alimentos exige vários tipos de corte simultâneos, por isso é importante conhecer os movimentos básicos.

Formas de cortar na culinária japonesa

Como até a era Meiji a alimentação japonesa se baseava em verduras e peixes, a forma de cortar evoluiu mais em comparação ao exterior. O corte diagonal e o corte para sashimi, por exemplo, são formas únicas que não existiam em outros países. Para aproveitar ao máximo o sabor dos alimentos, os japoneses desenvolveram técnicas de corte que são fruto da experiência e do conhecimento dos seus ancestrais. Seguem os cortes.

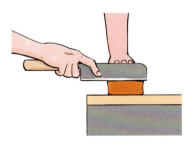

OTOSHI KIRI (CORTE VERTICAL)

Faca recomendada: Santoku
Forma de manuseio: Osae gata (ideal)

Forma mais usual de cortar, indicada para alimentos relativamente macios. Utiliza-se o peso da própria faca, movimentando-a verticalmente, sem necessidade de aplicar força.

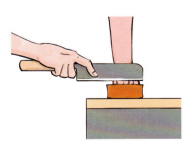

TSUKI KIRI (CORTE FRONTAL)

Faca recomendada: Usuba bouchou (faca para verduras)
Forma de manuseio: Niguiri gata (padrão)

Indicado para cortar tubérculos como a batata, que são consistentes e volumosos. Ao aplicar um pouco de força, movimenta-se levemente a faca para a frente com pressão para baixo.

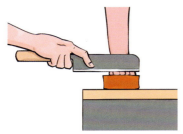

TSUKI KIRI/KIZAMI GATA (CORTE PARA FATIAR)

Faca recomendada: Usuba bouchou (faca para verduras)
Forma de manuseio: Niguiri gata (padrão)

Utilizado para fatiar verduras, a faca deve ser empurrada para a frente, repetindo o movimento quando ela bater na tábua. O segredo desse corte é a repetição com ritmo.

OSHI KIRI (CORTE EMPURRANDO)

Faca recomendada: Deba bouchou (faca para limpar peixes e carnes)
Forma de manuseio: Niguiri gata (padrão)

Indicado para retirar espinhas de peixe macios ou para cortar alimentos finos como as folhas de alga. Ergue-se o cabo, colocando a ponta da faca na tábua, e corta-se abaixando a lâmina de uma vez, como uma guilhotina.

MIJIN GIRI (CORTE PARA PICAR)

Faca recomendada: Deba bouchou e santoku bouchou
Forma de manuseio: Niguiri gata (padrão)

Corte ideal para picar alimentos. Segure o cabo com a mão direita e o corpo da lâmina com a mão esquerda, movimente a faca para cima e para baixo, alternando os lados, acompanhando o fio da lâmina. Controle o cabo para as laterais de modo a cortar todo o ingrediente.

TATAKI (CORTE PARA MOER)

Faca recomendada: Deba bouchou
Forma de manuseio: Niguiri gata (padrão)

Recomendado para moer peixes e carnes. Segure a faca pelo cabo, movimentando o pulso de cima para baixo repetidamente, moendo o alimento com o peso da lâmina. Esse corte deve ser feito com facas de lâminas grossas, pois as finas podem ser danificadas pelo impacto.

HIKI KIRI (CORTE PARA SASHIMI)

Faca recomendada: Yanagiba bouchou (faca para sashimi) e takobiki
Forma de manuseio: Yubi sashi gata (profissional)

Método usado para cortar sashimi (peixe cru). Posicione a parte inferior da lâmina na ponta da tábua, erga a ponta para cima e puxe a faca para trás como se estivesse desenhando um arco. A finalização deve ser feita puxando a ponta da lâmina até o final.

SOGUI KIRI (CORTE DIAGONAL)

Faca recomendada: Yanagiba bouchou (faca para sashimi) e takobiki
Forma de manuseio: Yubi sashi gata (profissional)

Indicado para cortar fatias finas de peixe ou simplesmente para fatiar ingredientes. Incline a lâmina sobre o alimento, puxando a faca até a ponta. A mão esquerda, que segura o alimento, deve retirar a parte cortada.

Apresentações clássicas: o encontro entre tradição e atualidade

A história, os sabores, as texturas, a estética e a filosofia presentes na relação com os alimentos contextualizam diversas etapas da preparação de cada ingrediente até a refeição servida. Trazemos as apresentações clássicas como uma pausa para apreciar a tradição remontada em séculos de refinamento: uma arte culinária grandiosa, arquitetada pela natureza e pelas mãos japonesas, absorvida em seu estilo de vida e difundida para os cantos do mundo.

Receitas quentes são uma herança de séculos, enquanto os macarrões, servidos frios ou quentes, destacam a versatilidade adquirida com o tempo. Os caldos coexistem com os vegetais do tempura; o trigo e a soja se fazem presentes na base de pratos clássicos; os nutritivos frango, cogumelos, carnes e peixes entram em uma organização que varia entre nutrição, estética e paladar tradicionalmente e até os tempos de hoje.

Mas as apresentações japonesas transcendem sua excelente organização. Elas resgatam tradições, contam histórias, inspiram a experimentação, lembram a singularidade dos ingredientes, o cuidado com o aperfeiçoamento e a receptividade às descobertas. Adoramos apreciar essa parte do caminho, que é mais uma importante conexão com essa cultura que tem tanto a ensinar.

Sushi

Embora o sushi seja comumente associado ao formato do nigiri – clássica apresentação do arroz com o peixe por cima –, o termo é bem mais amplo. Sushi representa, de fato, variados tipos e formatos da culinária japonesa.

Existem diversas variedades de sushi, cada uma caracterizada por ingredientes específicos, técnicas de preparo e apresentações distintas.

Nigirizushi

Nigiri é uma forma básica e clássica de sushi, composto de uma pequena porção de arroz moldado à mão e coberto com fatias de peixe fresco, como salmão (sake), atum (maguro) ou camarão (ebi). Geralmente, é servido com um toque de wasabi entre o arroz e o peixe.

Sashimi

Apesar de não ser tecnicamente sushi, o sashimi costuma ser associado a ele. Consiste em fatias finas de peixe cru, como salmão, atum ou polvo, servidas sem arroz. É apreciado por sua pureza e seu frescor, muitas vezes acompanhado de molho de soja, wasabi e gengibre em conserva.

Makizushi

Os maki são rolos de sushi, geralmente envolvidos em alga nori. Há algumas variações, incluindo o hosomaki (rolos finos), o uramaki (rolos invertidos com arroz por fora) e o futomaki (rolos mais grossos). Os ingredientes internos podem variar de peixe e vegetais a frutas.

Temaki

Também conhecido como "cone de sushi", o temaki é um tipo de makizushi em que os ingredientes são enrolados em forma de cone dentro de uma folha de nori. É consumido à mão, configurando uma experiência interativa.

Tirashi

Tirashi significa "espalhado" em japonês. Esse prato consiste em uma tigela de arroz coberta com uma variedade de peixes fatiados, frutos do mar, vegetais e omelete. É uma opção colorida e diversificada.

Inarizushi

Para fazer o inarizushi, envolve-se arroz em uma bolsa de tofu doce e marinado chamada inari. Às vezes, é guarnecido com gergelim ou outros condimentos. É conhecido por seu sabor suave e sua textura única.

Gunkan maki

Gunkan significa "navio de guerra" em japonês. Esse tipo de sushi consiste em pequenos "barquinhos" de arroz envolvidos em nori e cobertos com ingredientes como ovas de peixe, ouriço-do-mar ou atum picado.

Oshizushi

Oshizushi é uma especialidade de Osaka, onde o arroz e o peixe são prensados em moldes retangulares, geralmente cobertos com uma fatia de alga nori.

Esses são apenas alguns exemplos de uma vasta gama de sushi disponível. Cada tipo destaca a maestria dos chefs japoneses na criação de pratos que equilibram sabores, texturas e apresentações únicas, proporcionando uma experiência culinária inigualável.

Pratos quentes

Além dos sushis, a culinária japonesa conta com outros pratos saborosos e tradicionais. As receitas quentes remetem a séculos de tradição, sendo consumidas em diversas partes do mundo. Esses pratos quentes da culinária japonesa refletem a habilidade dos chefs em equilibrar sabores, aproveitar ingredientes sazonais e criar experiências culinárias ricas e satisfatórias. Cada prato oferece uma perspectiva única dos gostos e tradições culinárias do Japão.

Soba

Soba é um macarrão japonês feito principalmente de trigo-sarraceno, embora às vezes seja combinado com farinha de trigo. É conhecido por sua textura macia e seu sabor terroso. A maneira mais comum de servir esse prato é o zaru soba, em que os macarrões vêm frios e acompanhados de molho à base de shoyu, dashi e mirin. Também são populares os pratos quentes de soba, cozidos em caldo quente e servidos com ingredientes como tempura ou cebolinhas verdes.

Udon

Udon é outro tipo de macarrão japonês, mais espesso e feito com farinha de trigo. Pode ser servido em caldos quentes ou frios, sendo o kitsune udon uma opção popular, que inclui fatias de abura-age (tofu frito). O nabeyaki udon é cozido em panela com uma variedade de ingredientes, como frango, cogumelos, cebolinhas e ovo, compondo um prato nutritivo e reconfortante.

Okonomiyaki

Muitas vezes chamado de "panqueca japonesa", o okonomiyaki consiste em uma mistura de massa de farinha, repolho, cebolinhas e outros ingredientes, geralmente combinados com carne, frutos do mar ou queijo. Essa mistura é cozida em uma chapa e, às vezes, finalizada com molho de escolha do preparador, maionese, alga nori e flocos de peixe bonito. Existem variações regionais do okonomiyaki, como o estilo Hiroshima, que envolve camadas de macarrão yakisoba.

Chawanmushi

Chawanmushi é uma espécie de pudim salgado cozido a vapor em uma tigela de chá. À base de caldo de peixe ou frango misturado com ovos, resulta em uma textura macia com sabor delicado. Geralmente, inclui pedaços de frango, camarão, cogumelos e ginkgo biloba.

Nikujaga

Prato reconfortante de carne e batatas cozidas em molho de shoyu, saquê e açúcar, o nikujaga um guisado que muitas vezes inclui cenouras, cebolas e ocasionalmente outros vegetais. Servido quente, é um prato caseiro comum no Japão.

Wagashi e yogashi: um voo pâtissier entre Oriente e Ocidente

Na vibrante trama da culinária japonesa, muitas vezes ofuscada por sua renomada culinária salgada, há um capítulo doce que merece destaque: as sobremesas. Com elegância que retrata a sofisticação cultural do Japão, as sobremesas nipônicas não apenas cativam o paladar mas contam uma história de tradição, artesanato e conexão profunda com a natureza.

Nessa parte do caminho, em que convidamos você a conhecer mais sobre as sobremesas, somos envolvidos pelos cinco sentidos, podemos contemplar a dualidade japonesa e vemos tradição e inovação caminhando lado a lado, desde os tempos mais remotos.

Desde o ponto de partida e em cada passo percorrido na culinária japonesa, nas sobremesas encontramos profunda conexão com a cultura do país. As sobremesas tradicionais – enraizadas na utilização de ingredientes como feijão-azuqui, mochi e matcha – espelham o respeito à sazonalidade, mantendo a qualidade e presença da natureza em cada receita. Além disso, as sobremesas podem ser recriadas com influências estrangeiras e técnicas culinárias japonesas, caso em que se acrescentam farinha, açúcar e manteiga.

As sobremesas japonesas, sendo as mais tradicionais conhecidas como wagashi, apresentam-se como manifestação artística da sensibilidade japonesa para a estação e a estética. Elas evoluíram ao longo dos séculos, enraizadas na influência da cerimônia do chá, na filosofia do wabi-sabi (a beleza da imperfeição) e na reverência pela sazonalidade. Cada mordida é uma experiência sensorial que transcende o sabor, incorporando texturas delicadas, cores suaves e aromas sutis.

Os ingredientes fundamentais nas sobremesas japonesas incluem feijão-azuqui, mochi, ágar-ágar, matcha e frutas sazonais. A maestria na preparação desses ingredientes é passada de geração em geração, e manifesta a dedicação e a paciência características da cultura japonesa.

A estação do ano é responsável pela escolha de ingredientes e apresentação das sobremesas japonesas. No inverno, pode-se saborear um yukimi daifuku, um mochi recheado com sorvete, enquanto na primavera o sakuramochi encanta com sua embalagem de folha de cerejeira e recheio de pasta de feijão (com coloração cor-de-rosa para lembrar a flor).

Além das criações mais tradicionais, a influência global e a inovação moderna trouxeram novas interpretações à mesa de sobremesas japonesas. Chefs talentosos incorporam técnicas ocidentais e ingredientes contemporâneos, resultando em sobremesas que combinam tradição e modernidade de maneira equilibrada.

Assim, as sobremesas japonesas são mais do que a doce conclusão de uma refeição; são uma expressão culinária que reflete a estética japonesa, a reverência pela natureza e a habilidade artesanal. E, ao explorar esse universo, somos convidados a participar de uma jornada que transcende o paladar, mergulhando nas ricas tradições e na alma delicada dessa culinária.

Wagashi e yogashi: saborosa dualidade cultural

A tradição culinária do Japão é enriquecida por duas categorias de sobremesas que, apesar de compartilharem raízes culturais, apresentam características únicas: as wagashi e yogashi. Cada uma dessas expressões culinárias oferece uma experiência sensorial única, mergulhando profundamente na complexidade do paladar japonês.

Ao explorar as diferenças entre wagashi e yogashi, somos conduzidos a um passeio pela rica trama da culinária japonesa. Enquanto os wagashi celebram a tradição, a natureza e a estética refinada, os yogashi abraçam a inovação, a fusão de culturas e a evolução da cozinha japonesa. Juntas, essas duas categorias encapsulam a dualidade deliciosa e a versatilidade que caracterizam a experiência única das sobremesas japonesas.

Wagashi: uma ode à tradição

Wagashi, que se traduz literalmente como "doce japonês", é a encarnação da tradição e da estética refinada da culinária nipônica. Essas sobremesas, muitas vezes associadas à cerimônia do chá, reproduzem a harmonia entre sabor, textura e aparência. Aqui, em particular, são usados os ingredientes naturais que citamos, como feijão-azuqui, mochi, ágar-ágar e frutas sazonais, cuidadosamente manipulados para criar pequenas obras de arte comestíveis.

Considerada a arte dos cinco sentidos, suas receitas, técnicas e ingredientes envolvem o paladar, o cheiro, o toque a visão e até a audição, por intermédio dos nomes e histórias relacionadas.

A filosofia por trás dos wagashi é enraizada no conceito de "mono no aware", uma sensibilidade para a efemeridade e beleza passageira. As formas, cores e os aromas dessas sobremesas são frequentemente inspiradas na natureza e nas estações do ano. Por exemplo, durante a primavera, os wagashi podem incorporar motivos florais de cerejeira, enquanto no inverno formas que evocam a neve podem ser proeminentes.

Os métodos tradicionais de preparação dos wagashi exigem habilidades artesanais refinadas e uma paciência que transcende o comum. A modelagem manual do mochi e a elaboração meticulosa de pastas de feijão são passadas de geração em geração, mantendo viva a tradição e preservando o caráter particular dos wagashi.

Yogashi: a fusão de sabores estrangeiros e da tradição japonesa

Em contraste com a tradição sólida dos wagashi, os yogashi representam uma fusão intrigante entre influências estrangeiras e técnicas culinárias japonesas. O presente termo, "yogashi", significa "doce estrangeiro", e essas sobremesas incorporam ingredientes também vistos na culinária wagashi, como farinha, açúcar, ovos e manteiga, elementos típicos da confeitaria europeia.

O yogashi se destaca por adaptabilidade e inovação. Chefs japoneses muitas vezes incorporam técnicas de confeitaria francesa e italiana, que resultam em sobremesas que mantêm uma estética japonesa única, mas com toque contemporâneo. Tortas, bolos, éclairs e cheesecakes são exemplos comuns de yogashi, muitas vezes aprimorados com sabores japoneses como matcha, yuzu ou sakura.

Essa fusão de tradição e modernidade nas sobremesas yogashi reflete a globalização culinária tanto quanto evidencia a capacidade da cultura japonesa de assimilar e transformar influências externas, criando algo tipicamente japonês.

A CULINÁRIA EXCLUSIVA NO SAN: DO JAPÃO À SUA MESA

É no momento da criação gastronômica que todos os elementos da cultura se fundem e elevam a culinária japonesa a outro patamar. Com vasta experiência gastronômica, o chef André Kawai e o pâtissier Cesar Yukio abrem as portas para suas criações exclusivas e apreciadas pelo público do San.

Quando falamos da culinária japonesa, vamos além da gastronomia. Estamos falando sobre identidade, sobre raízes na tradição e sobre um país que aprende com os próprios desafios geográficos, sabendo inclusive inovar com base em outras influências culinárias.

O Japão compartilha com o mundo o melhor de sua herança culinária, verdadeiro legado da expressão autêntica que se aprende em cada intercâmbio pela cultura milenar. Por isso, desde quando tudo era uma ideia até hoje, cada viagem a esse país é uma imersão no aprendizado.

Receitas gastronômicas do San
por André Nobuyuki Kawai

O sansei André Kawai dedicou toda a sua vida à culinária japonesa, sua grande paixão. Aos 15 anos foi morar no Japão, onde estudou gastronomia japonesa com grandes mestres e se especializou em sushi. Lá, trabalhou em vários restaurantes de sushi, aprendeu cortes, insumos e cultura, elevando na prática o seu conhecimento da culinária tradicional nipônica.

Após anos no Japão, Kawai decidiu levar sua experiência para outros lugares do mundo, propiciando a outros aspirantes a profissionais de sushi o aprendizado que adquiriu sobre a culinária. Fez grandes realizações nessas viagens, passando por Portugal, Itália, Espanha, México e Brasil.

Atualmente, o sansei André Kawai é chef gastronômico dos restaurantes San e San Omakase, que oferecem uma experiência única para os visitantes, compartilhando seu eterno aprendizado com a cultura japonesa.

MISSOSHIRO

お好み焼

Começamos o nosso capítulo de receitas exclusivas com uma das entradas mais tradicionais do Japão: o missoshiro, sopa típica da culinária japonesa, conhecida por sua base de caldo de missô, uma pasta de soja fermentada.

A sopa, normalmente, é servida com tofu, cebolinha e algas, proporcionando um equilíbrio único de sabores umami. O missoshiro é apreciado tanto por seu sabor reconfortante como por sua importância cultural, sendo presença comum nas refeições japonesas, ainda mais durante o inverno.

PARA O MOLHO DASHI
- 1 ℓ de água
- 30 g de kombu
- Katsuobushi (quantidade equivalente à mão cheia)

1. Em uma panela, adicione 1 litro de água.
2. Corte 30 g de kombu (alga) em pedaços pequenos e coloque na água.
3. Aqueça a mistura até ferver e espere a água adquirir um tom esverdeado.
4. Quando isso acontecer, retire o kombu da água e adicione o equivalente à mão cheia de katsuobushi.
5. Deixe descansar por 2 minutos, sem ferver.
6. Coe o líquido com uma peneira e papel-toalha para remover os resíduos.

PARA O MISSOSHIRO
- 20 g de akamiso (missô vermelho)
- 12 g de tofu
- 0,5 g de wakame (alga desidratada)
- Cebolinha a gosto

1. Escolha uma louça pequena e redonda de sua preferência.
2. Coloque os ingredientes (menos a cebolinha) na tigela.
3. Adicione 100 ml de molho dashi quente (o segredo está aqui: não deixe de usar o dashi preparado anteriormente).
4. Mexa delicadamente até que os ingredientes se diluam por completo no caldo.
5. Por fim, acrescente a cebolinha a gosto.

Dica: Sirva imediatamente para aproveitar o sabor e o aroma frescos da sopa.

GUIOZA

餃子

Embora seja um prato originário da China, o guioza está diretamente ligado à culinária moderna japonesa. Presente nos mais diversos restaurantes do mundo, o guioza é um pequeno bolinho recheado, geralmente feito de fina massa de farinha de trigo e água, preenchido com uma mistura saborosa de carne, vegetais e condimentos.

Existem diferentes tipos de guioza, como os cozidos no vapor, os fritos e os grelhados e depois cozidos. Além disso, os recheios são diversos. No San, são servidas saborosos guiozas de porco, legumes ou Wagyu, a lendária carne japonesa.

PARA A MASSA
- 2 xícaras de farinha de trigo
- Uma pitada de sal
- 1/2 a 3/4 de xícara (chá) de água morna

1. Em uma tigela grande, misture a farinha de trigo e a pitada de sal.
2. Adicione água morna gradualmente à mistura de farinha, mexendo sempre até que a massa comece a se formar.
3. Transfira a massa para uma superfície enfarinhada e sove por cerca de 5 a 7 minutos, ou até que fique lisa e elástica.
4. Divida a massa em pequenas bolas do tamanho de nozes.
5. Em uma superfície enfarinhada, abra cada bolinha de massa em círculos finos, com cerca de 8 cm de diâmetro.

PARA O RECHEIO
- 1 unidade de acelga
- 1 unidade de repolho branco
- 1 unidade de nirá (ou cebolinha japonesa)
- Lombo suíno a gosto
- Hondashi® (tempero à base de peixe)
- Óleo de gergelim
- Shoyu (molho de soja)

1. Corte a acelga, o repolho e o nirá em pedaços bem pequenos.
2. Adicione uma pitada de sal à mistura de legumes e, em seguida, esprema bem para eliminar o excesso de água.
3. Acrescente o lombo de porco moído e misture bem. Tempere com Hondashi®, óleo de gergelim e shoyu a gosto.
4. Coloque uma porção do recheio no centro de cada círculo de massa e feche, formando os guiozas. Certifique-se de apertar bem as bordas para que fiquem bem seladas.

OKONOMIYAKI

お好み焼

Essa é, sem dúvida alguma, uma das apresentações mais tradicionais da culinária japonesa; um prato que exige conhecimento específico para ser executado. Também conhecido como panqueca ou pizza japonesa, o okonomiyaki é originário da região de Osaka. Basicamente, apesar de suas variações, o prato é uma mistura de massa à base de repolho, farinha, ovos e outros ingredientes variados, como carne, frutos do mar ou legumes, dependendo da preferência do chef.

Culturalmente, o prato tem impacto. O termo em questão, *okonomiyaki*, significa "cozinhar como você gosta", o que reflete a natureza personalizável desse prato. A importância cultural do okonomiyaki vai além do seu sabor, simbolizando a união em torno da mesa e a expressão da criatividade culinária.

PARA A MASSA
- 1/2 xícara de farinha de trigo
- 1/4 de xícara de água ou caldo dashi
- 1 xícara de repolho picado finamente
- 1/2 xícara de cenoura ralada (opcional, mas comum para adicionar sabor e cor)
- 1/4 de xícara de cebolinha picada
- 1 ovo grande
- 100 g de carne de porco em tiras finas (pode ser bacon)
- Sal e pimenta-do-reino a gosto

1. Em uma tigela, misture a farinha e a água (ou dashi) até obter uma massa homogênea.
2. Adicione os vegetais: junte o repolho picado, a cenoura, a cebolinha e o ovo. Misture bem até que todos os ingredientes estejam incorporados à massa.
3. Tempere com sal e pimenta a gosto.
4. Aqueça uma frigideira grande em fogo médio e unte com um pouco de óleo.
5. Coloque a massa na frigideira, formando um círculo de aproximadamente 15 cm a 18 cm de diâmetro e 2 cm de espessura.
6. Distribua as tiras de carne de porco por cima do okonomiyaki.
7. Tampe a frigideira e cozinhe por cerca de 5 minutos de cada lado ou até que a massa esteja bem dourada e cozida por dentro.

PARA A COBERTURA
- **Molho de okonomiyaki (ou molho tonkatsu)**
- **Maionese japonesa**
- **Katsuobushi**
- **Alga nori em pó (aonori)**

1. Após retirar da frigideira, espalhe o molho de okonomiyaki sobre a superfície.
2. Finalize com um fio de maionese, katsuobushi e alga em pó (aonori).

TEMPURA
天麩羅

Tempura é uma das técnicas mais populares e tradicionais da culinária japonesa, querida em diversas partes do mundo. A origem da receita está ligada ao século XVI, período Edo, quando missionários portugueses introduziram a técnica de fritura com massa leve no Japão.

Os japoneses aprimoraram e adaptaram a receita ao longo dos anos, resultando em um prato que se tornou peça fundamental na culinária do país. O tempura de ebi ou ebi tempura, especificamente, é a fritura do camarão, um dos frutos do mar mais consumidos na cozinha nipônica.

No San, o prato ganha contornos artísticos e desperta o paladar pelo olhar.

PARA O CAMARÃO
- 500 g de camarões grandes, limpos e sem casca (deixe o rabo dos camarões para apresentação)
- 1 colher (chá) de sal
- 1 colher (chá) de pimenta-do-reino
- 1 colher (chá) de saquê (opcional)

1. Limpe os camarões, retirando a casca, mas deixando o rabo dos camarões intacto. Faça um pequeno corte na parte de trás para remover a veia.
2. Tempere os camarões com sal, pimenta-do-reino e, se desejar, uma colher (chá) de saquê para realçar o sabor. Deixe descansar por cerca de 10 minutos.

PARA A MASSA
- 1 xícara de farinha de trigo
- 1/2 xícara de amido de milho
- 1 pitada de sal
- 1 ovo gelado
- 1 xícara de água com gás gelada

1. Em uma tigela, misture a farinha de trigo, o amido de milho e uma pitada de sal.
2. Em outra tigela, bata o ovo gelado e adicione a água com gás gelada. Misture rapidamente com um garfo ou hashi, tomando cuidado para não misturar demais – a massa deve ficar levemente granulada.
3. Adicione a mistura líquida à mistura de farinha, mexendo de forma leve e rápida, apenas até que os ingredientes estejam combinados. Evite mexer demais para manter a leveza e textura crocante da massa.

PARA FRITAR
Óleo vegetal (suficiente para cobrir os camarões)

1. Em uma panela funda ou frigideira, aqueça o óleo vegetal a 180 °C. Para testar a temperatura, jogue uma gota da massa no óleo; se ela subir rapidamente à superfície, o óleo está pronto.
2. Passe os camarões na massa, segurando-os pelo rabo, e coloque-os cuidadosamente no óleo quente.
3. Frite os camarões por 2 a 3 minutos, até que fiquem dourados e crocantes. Evite fritar muitos camarões de uma vez para não baixar a temperatura do óleo.
4. Retire os camarões do óleo com uma escumadeira e coloque-os sobre papel-toalha para escorrer o excesso de óleo.

URAMAKI EBITEN

海老天

Uramaki ebiten é caracterizado pelo uso de camarão tempura como recheio principal do uramaki. O camarão tempura, que é camarão frito em massa de tempura crocante, adiciona textura crocante e sabor específico ao prato. Além do camarão, o roll pode incluir outros ingredientes como abacate, pepino e molho teriyaki, proporcionando uma combinação equilibrada de sabores e texturas. Essa receita é de um dos enrolados favoritos dos clientes no San.

- 70 g de shari (arroz de sushi)
- 1/2 folha de alga nori
- 15 g de maionese
- 2 unidades de camarão médio frito na massa tempura
- Cerca de 80 g de salmão em fatias finas
- 10 g de ovas de cor laranja (massago ou tobiko)
- Cebolinha a gosto
- Molho teriyaki

1. Espalhe o shari uniformemente sobre a alga nori.
2. Vire a alga com o arroz para baixo, seguindo o preparo de uramaki, e adicione a maionese e os camarões fritos.
3. Enrole com a ajuda de um makisu (esteira de bambu).
4. Cubra o makimono com as fatias finas de salmão.
5. Corte o rolo em 8 pedaços iguais.
6. Monte os pedaços no prato de sua preferência e, se desejar, maçarique levemente (utilize um maçarico para tostar).
7. Finalize com as ovas e cebolinha em cada pedaço.
8. Adicione o molho teriyaki a gosto para dar o toque final.

USUZUKURI

薄造り

Nessa técnica, o peixe é cortado em fatias ultrafinas, quase transparentes. O objetivo é criar lâminas finas que maximizam a área de superfície, possibilitando que o sabor do peixe seja intensificado e apreciado com sutileza.

A qualidade do usuzukuri depende significativamente da escolha de peixes frescos, como atum, salmão e linguado. Além do corte preciso, a apresentação estética desempenha um papel crucial no usuzukuri. As fatias ultrafinas de peixe são dispostas de maneira artística no prato, muitas vezes formando padrões elegantes. A decoração adicional com ingredientes como ralados de rábano japonês (daikon) e folhas de shiso contribuem para a estética visualmente atraente do prato.

Além disso, o usuzukuri costuma ser acompanhado por molhos leves que realçam o sabor do peixe, como o ponzu.

- 150 g de peixe de sua preferência (como atum, salmão ou outro)
- Momiji oroshi (nabo ralado)
- Cebolinha a gosto
- Gergelim moído
- Molho ponzu

1. Corte o peixe em fatias finas, com cuidado para manter a textura do sashimi.
2. Posicione as fatias do peixe em um prato de sua preferência, criando um arranjo harmonioso. (Um prato redondo pode tornar a apresentação mais bonita.)
3. Organize as fatias de peixe lado a lado, de forma que fiquem bem dispostas e visualmente atraentes.
4. Coloque o momiji oroshi no centro do prato como toque de sabor e textura.
5. Espalhe a cebolinha picada e o gergelim moído por cima das fatias de peixe.
6. Finalize com molho ponzu, regando as fatias de peixe para dar um toque de sabor cítrico.

FUTOMAKI

Futomaki pode ser traduzido, literalmente, como "enrolado grosso" em japonês, de modo diferente do hosomaki, que é o "enrolado fino". Basicamente, ele é composto de uma folha de alga nori, arroz de sushi e uma variedade de ingredientes recheados no centro.

O recheio do futomaki pode incluir ampla gama de ingredientes, como peixes sashimi, vegetais, ovos cozidos e outros acompanhamentos. A estética do futomaki é parte integrante de sua apreciação gastronômica. Os rolls cortados são frequentemente organizados em um prato de maneira artística, destacando a diversidade de cores e texturas.

- 1/2 folha de alga nori
- 50 g de shari
- 10 g de tamago (omelete japonês)
- 10 g de salmão
- 10 g de atum
- 1 unidade de camarão médio
- 10 g de abacate
- 10 g de pepino
- 10 g de takuwan (daikon em conserva)

1. Coloque a folha de nori na vertical, com o lado brilhante virado para baixo.
2. Espalhe o shari uniformemente sobre a alga nori, deixando uma borda de cerca de 1 cm na parte superior.
3. Coloque os recheios no centro da folha de nori: tamago, salmão, atum, camarão, abacate, pepino e takuwan.
4. Com ajuda do makisu (esteira de bambu), enrole o sushi com cuidado, pressionando ligeiramente para que fique bem firme.
5. Corte o rolo em 5 pedaços iguais e sirva.

OSHIZUSHI
押し寿司

Oshizushi, também conhecido por "batera" em algumas regiões, como o Brasil, é um tipo único e delicioso de sushi que se destaca por sua apresentação prensada e de formas geométricas singulares. Originário da região de Kansai, no Japão, esse estilo de sushi oferece uma experiência gastronômica que combina o frescor dos ingredientes com uma apresentação visualmente apelativa.

A característica mais marcante do oshizushi é o seu método de preparo, que envolve a prensagem dos ingredientes em uma caixa especial. Nessa caixa, chamada de oshitsuke, camadas de arroz de sushi e peixes ou vegetais são compactadas para compor um bloco retangular. A pressão aplicada durante esse processo não apenas dá ao sushi sua forma característica, mas também contribui para uma textura firme e coesa.

Na receita a seguir, usamos salmão picado e maionese, mas você pode escolher o peixe de sua preferência, como atum ou mackerel. A montagem do peixe fica a seu critério, podendo ser em fatias ou batido.

- 70 g de salmão (picado ou triturado)
- 15 g de maionese
- 100 g de shari

1. Espalhe o salmão batido no fundo da fôrma, utilizando uma fôrma própria para oshizushi.
2. Coloque a maionese sobre o salmão e espalhe uniformemente.
3. Adicione o shari por cima da maionese, cobrindo bem.
4. Aperte a fôrma com firmeza para compactar bem os ingredientes.
5. Retire da fôrma e corte o oshizushi em pedaços iguais.
6. Finalize com molho teriyaki para dar o toque de sabor.

TAMAGO

Tamago é uma iguaria tradicional da culinária japonesa, que se destaca como omelete doce e suave. Preparado com ovos, açúcar, mirin e shoyu, esse prato cativa pelo equilíbrio entre sabores contrastantes.

Sua textura macia e levemente adocicada torna o tamago uma opção versátil, que serve tanto como acompanhamento em refeições quanto como recheio em sushis. Além de seu sabor único, o cuidado na preparação, que envolve técnicas específicas de cozimento e dobradura, evidencia a maestria da culinária japonesa na busca pela perfeição gastronômica.

- 7 ovos
- 180 ml de ichiban dashi (caldo dashi concentrado)
- 2 pitadas de sal
- 10 g de açúcar

1. Misture todos os ingredientes em uma tigela até que fiquem bem combinados.
2. Aqueça uma frigideira quadrada e unte levemente com óleo. Despeje uma camada fina da mistura de ovos na frigideira e frite até que comece a firmar, mas ainda esteja levemente úmida na parte superior.
3. Dobre a omelete ao meio, formando um retângulo, e adicione mais mistura de ovos. Frite novamente até que a camada esteja firme e repita o processo até terminar a mistura de ovos.
4. Frite até que o tamago tenha uma consistência firme e um pouco dourada. Deixe esfriar antes de cortar em fatias.

TIRASHI
ちらし

Tirashi, refinada criação da culinária japonesa, é um prato que combina uma variedade de ingredientes frescos e coloridos. Traduzido como "sushi espalhado" em japonês, o tirashi destaca-se pela apresentação artística em uma tigela, na qual camadas de arroz de sushi servem de base para uma seleção diversificada de peixes, frutos do mar, legumes e ovas. Essa combinação de sabores e texturas proporciona uma experiência gastronômica equilibrada e visualmente atraente. O tirashi, além de deleite para o paladar, representa a tradição japonesa de valorizar a estação e o frescor dos ingredientes, refletindo a maestria culinária que caracteriza a cozinha nipônica.

- 150 g de shari
- Gergelim moído a gosto
- 2 fatias de salmão
- 2 fatias de atum
- 3 fatias de peixe branco
- 1 vieira
- 2 guessô (cogumelos shimeji ou outro tipo, dependendo da sua escolha)
- 1 fatia de tamago
- 1 folha de shissô (folha aromática)
- 10 g de ovas de cor verde
- 10 g de ovas de cor laranja

1. Coloque o shari em uma tigela pequena (domburi).
2. Polvilhe o gergelim moído sobre o shari para dar sabor e textura.
3. Monte os ingredientes sobre o arroz de maneira harmônica, distribuindo as cores de cada ingrediente para uma apresentação vibrante e atraente.
4. Para finalizar, coloque a folha de shissô sobre os ingredientes e distribua as ovas de cor verde e laranja por cima para dar um toque decorativo e saboroso.

TEMAKI ABERTO DE ATUM BLUEFIN

ブルーフィン鮪の手巻

Temaki aberto é uma iguaria da alta culinária japonesa, que se destaca pela apresentação requintada. De modo diferente dos tradicionais temakis enrolados, o temaki aberto é montado com delicadeza, exibindo cuidadosamente os ingredientes frescos e coloridos no topo de uma folha de alga crocante.

Esse prato oferece uma experiência sensorial diferenciada, em que os sabores e texturas dos ingredientes ficam evidentes em cada mordida. Servido no San, o temaki aberto deve ser apreciado não apenas pela beleza visual, mas também pelo equilíbrio de sabores e pela qualidade dos ingredientes utilizados.

- 50 g de shari
- 100 g de raspas de bluefin chutoro batido (atum gordo)
- 1/2 folha de alga nori
- Mujol (ovas de peixe, como caviar) a gosto

1. Abra a folha de alga nori e espalhe o shari uniformemente sobre ela.
2. Coloque as raspas de buefin chutoro no centro do arroz.
3. Finalize com o mujol sobre o chutoro, ajustando a quantidade a gosto.
4. Em vez de fechar o temaki no formato tradicional de cone (koni), mantenha-o aberto em formato de U para uma apresentação mais distinta.

SHISO TEMPURA
紫蘇の天麩羅

Shiso tempura é uma deliciosa variação da tradicional técnica japonesa de fritura em tempura, que envolve folhas de shiso (ou perilla) mergulhadas em massa leve e crocante que são fritas até ficarem douradas e crocantes. O shiso, com sabor único e levemente mentolado, adiciona um toque fresco e aromático ao tempura, complementando perfeitamente a textura crocante da fritura.

Esse prato é apreciado tanto pela simplicidade quanto pela complexidade de sabores. O shiso tempura pode ser servido como aperitivo, acompanhamento ou até como parte de pratos mais elaborados da culinária japonesa. Sua combinação de crocância, sabor herbal e fragrância refrescante o torna uma escolha popular em restaurantes japoneses de alta qualidade no mundo.

- 25 g de tartar de salmão ou atum
- Cebola roxa, mostarda, azeite, shoyu, gengibre e cebolinha a gosto
- 16 g de shiso empanado em massa de tempura

1. Bata o salmão ou o atum, misturando bem com cebola roxa, mostarda, azeite, shoyu, gengibre e cebolinha, ajustando os temperos a gosto.
2. Coloque o tartar preparado sobre cada folha de shiso empanada, moldando no formato desejado.

MAKIMONO UNAGI SHISO

鰻と紫蘇の天麩羅

Makimono unagi shiso é um roll de sushi que combina os sabores complementares da enguia grelhada (unagi) e da folha de shiso. A unagi adiciona sabor rico e defumado, enquanto o shiso contribui com sua característica refrescante e herbácea.

No San, esse enrolado de sushi é apreciado por sua harmonia de sabores e texturas, com a suavidade da enguia contrastando com a crocância da alga e o frescor do shiso. É uma escolha popular em menus de sushi pela combinação e experiência gastronômica que proporciona aos apreciadores de sushi.

- 1 folha de alga nori
- 60 g de shari
- 40 g de enguia grelhada
- 1 folha de shiso
- Molho teriyaki a gosto

1. Abra a folha de nori e espalhe o arroz (shari) na parte interna da folha para o preparo do hosomaki.
2. Espalhe o arroz de maneira uniforme, pressionando levemente, mas sem esmagar.
3. No centro, coloque a enguia, a folha de shiso e pincele com molho teriyaki a gosto.
4. Enrole o hosomaki com cuidado e corte em 8 pedaços iguais.

SOBA
蕎麦

Soba é um prato tradicional japonês que consiste em macarrão feito de trigo-sarraceno, servido em caldo quente ou frio com um molho de imersão. Esse prato é valorizado pela simplicidade, como também pela profundidade de sabor e textura.

Apreciado por sua versatilidade, o soba é frequentemente acompanhado por uma variedade de ingredientes, como cebolinha, nori, tempura ou kamaboko, dependendo da preferência pessoal e da estação do ano. Por ser escolha popular em todas as estações, o soba apresenta-se como parte essencial da rica tradição culinária japonesa, representando equilíbrio delicado entre simplicidade e complexidade de sabores.

- 200 g de soba
- 1 ℓ de caldo dashi
- 3 colheres (sopa) de molho shoyu
- 2 colheres (sopa) de mirin
- 1 colher (chá) de açúcar
- 1 pedaço de alga nori (opcional, para decorar)
- Cebolinha picada a gosto
- Wasabi (opcional, a gosto)

1. Cozinhe o soba em água fervente, conforme as instruções do pacote, até que fique al dente. Após o cozimento, escorra e enxágue o soba em água fria para interromper o processo de cozimento e dar mais textura ao macarrão.
2. Prepare o caldo: em uma panela, adicione o caldo dashi, o molho shoyu, o mirin e o açúcar. Aqueça em fogo médio até que o açúcar dissolva e o caldo fique bem combinado. Deixe ferver por cerca de 2 minutos e retire do fogo.
3. Sirva o soba em uma tigela individual, despejando o caldo quente por cima do macarrão. Se preferir, sirva o caldo em uma tigela separada para que o soba seja mergulhado.
4. Decore com alga nori cortada em tiras finas e cebolinha picada.
5. Se desejar, adicione um pouco de wasabi para dar um toque picante.

Receitas pâtissier do San
por Cesar Yukio

O chef pâtissier Cesar Yukio destaca-se como talento excepcional na arte da confeitaria, elevando a experiência gastronômica por meio de suas criações únicas e refinadas. Com uma paixão palpável pela doçaria, Yukio traz sua experiência e criatividade para o universo da pâtisserie, conquistando paladares no mundo.

Sua jornada culinária, marcada pela busca incessante da perfeição, incorpora técnicas tradicionais e inovações contemporâneas em suas deliciosas obras-primas. Yukio domina a complexidade das sobremesas, além de infundir a cada criação um toque pessoal, resultando em experiências sensoriais que transcendem o comum.

O legado desse chef pâtissier é, sem dúvida, uma contribuição significativa para o universo culinário, em que sua habilidade excepcional transforma ingredientes simples em verdadeiras obras de arte.

Yukio lidera e assina a área de sobremesas do San e San Omakase, com receitas que não são encontradas em outro restaurante de comida japonesa do Rio de Janeiro e que, exclusivamente, são compartilhadas aqui com você.

CHOUX CREAM

シュー クリーム

Choux cream é uma saborosa sobremesa de origem francesa, próxima das tradicionais "carolinas" da cultura brasileira. Entretanto, recebeu adaptações da culinária japonesa e tornou-se receita típica das terras nipônicas, ganhando popularidade entre os ocidentais.

Sua versatilidade vai de miniaturas elegantes a criações mais elaboradas. A textura equilibrada e o sabor suave fazem da sobremesa uma escolha popular em eventos especiais e patisseries no mundo.

O choux cream faz parte do menu do San, cuja receita especial é elaborada pelo chef Cesar Yukio.

A produção do choux cream envolve três etapas distintas: massa, craquelin e recheio (creme legére). Juntas, as etapas formam o tradicional doce.

PARA A MASSA
- 125 g de leite integral
- 125 g de água
- 10 g de açúcar
- 5 g de sal
- 125 g de manteiga
- 150 g de farinha de trigo
- 5 ovos

1. Preaqueça o forno a 180 °C (temperatura média).
2. Coloque na panela o leite, a água, o açúcar, o sal e a manteiga, levando ao fogo para derreter a manteiga e ferver.
3. Tão logo o leite ferva, tire a panela do fogo e acrescente a farinha peneirada, misturando com a espátula para incorporar.
4. Leve a panela de volta ao fogo e mexa por cerca de 1 minuto até formar uma massa lisa que "solta" do fundo.
5. Transfira a massa para a tigela da batedeira e misture com a raquete para esfriar. Acrescente metade dos ovos e bata bem para incorporar.
6. Pare de bater e raspe a massa lateral da tigela com a espátula, quando necessário.
7. Assim que metade dos ovos estiver completamente incorporada à massa, bata o restante com um garfo e acrescente aos poucos, batendo bem a cada adição até dar o ponto certo.
8. A quantidade final de ovos pode variar. Para verificar o ponto, levante um pouco da massa com a espátula. Ela deve estar brilhante, lisa e deve cair lentamente, formando um "V".

PARA O CRAQUELIN

- 100 g de manteiga sem sal
- 100 g de açúcar cristal
- 100 g de farinha de trigo

1. Misture todos os ingredientes em uma tigela até formar uma massa homogênea.
2. Transfira a massa para um papel-filme e leve à geladeira até ficar firme e gelada.
3. Retire da geladeira e abra a massa com rolo de cozinha entre duas folhas de papel--manteiga.
4. Corte a massa em círculos, em tamanho maior que a massa choux.
5. Coloque o círculo do craquelin sobre a massa choux, pouco antes de assar.

PARA O CREME LEGÉRE (RECHEIO)

- 300 ml de leite integral
- 1/2 fava de baunilha
- 60 g de gemas
- 75 g de açúcar refinado
- 25 g de amido de milho
- 5 ml de extrato de baunilha
- 12 g de manteiga integral sem sal
- 300 g de creme de leite fresco

1. Em uma panela, ferva o leite com a fava de baunilha aberta.
2. À parte, bata as gemas com o açúcar, o amido de milho e o extrato de baunilha até obter um creme claro.
3. Faça a temperagem das gemas e coloque de volta no fogo até engrossar.
4. Retire a panela do fogo, adicione a manteiga e mexa bem para homogeneizar.
5. Passe para um recipiente e cubra com papel-filme para não criar película.
6. Na batedeira, utilizando o globo, bata o creme de leite fresco em ponto de chantilly e misture ao creme já frio.

MOCHI

Quando o assunto é tradição em culinária japonesa, o mochi tem seu lugar especial. Sobremesa diferenciada, com destaque pela textura singular, papel relevante e significativo na cultura nipônica, ele faz parte de diversas celebrações e rituais. Simples e saboroso, o mochi é elaborado com arroz glutinoso e tem preparação meticulosa, detalhada, que é passada de geração para geração.

A sobremesa típica é frequentemente compartilhada durante as festividades, como o Ano Novo japonês, simbolizando boa sorte, prosperidade e união familiar. No menu do San, o mochi é uma atração consolidada.

- 250 ml de leite integral
- 50 g de glucose de milho
- 60 g de manteiga sem sal
- 180 g de shiratamako (farinha de arroz glutinoso)
- 55 g de amido de milho
- 100 g de glaçúcar

1. Amorne o leite e misture a glucose e a manteiga derretida.
2. Misture a farinha de arroz com o amido de milho e o glaçúcar.
3. Adicione a mistura de leite aos poucos, mexendo bem até tudo estar dissolvido. Leve ao micro-ondas por cerca de 6 minutos, misturando bem a cada 1,5 minuto até formar uma massa firme e sem gosto de arroz cru.
4. Coloque na batedeira e bata até ficar elástico.
5. Espere amornar e modele.

YUZU
(MOUSSE DE YUZU)

Outro ícone culinário e cultural, yuzu é uma sofisticada sobremesa japonesa originada da fruta de mesmo nome, também conhecida como limão japonês. A fruta é cítrica e única, de sabor complexo, aromático e apreciado em diversas receitas culinárias, incluindo sobremesas.

Assim como qualquer criação culinária, o yuzu também tem impacto cultural no Japão. Sua importância reflete-se na tradição nipônica de valorizar ingredientes sazonais e regionais. Frequentemente utilizado em celebrações e festividades, contribui para a riqueza sensorial de pratos emblemáticos, encantando com o paladar e simbolizando a conexão entre natureza, culinária e apreço japonês pela variedade de sabores.

PARA A MOUSSE
- 8 g de gelatina em pó
- 18 g de água
- 150 g de chocolate branco W2 Callebout
- 80 ml de creme de leite
- 190 g de geleia de yuzu
- 160 ml de creme de leite gelado

1. Hidrate a gelatina em pó com água.
2. Derreta o chocolate branco em banho-maria.
3. Em uma panela, adicione 80 ml de creme de leite fresco e a geleia de yuzu, cozinhando em fogo médio até levantar fervura.
4. Adicione a gelatina ao creme morno e misture para derreter.
5. Acrescente o creme ao chocolate branco derretido e mexa com uma espátula para emulsificar.
6. Em uma vasilha, adicione 160 ml de creme de leite fresco gelado e bata com um fouet até atingir picos médios.
7. Incorpore o creme de leite batido à mousse e mexa com delicadeza para não quebrar as bolhas de ar.
8. Coloque em um saco de confeitar e preencha a forminha de limão untada com desmoldante.
9. Refrigere por, no mínimo, 24 horas.
10. A mousse precisa estar completamente congelada para ser desenformada e receber a glaçagem.

PARA A GLAÇAGEM
- 100 g de manteiga de cacau
- 100 g de chocolate branco W2 Callebout
- Corante amarelo em pó lipossolúvel
- Corante branco (dióxido de titânio)

1. Derreta a manteiga de cacau e o chocolate branco, não deixando passar de 50 °C.
2. Adicione os corantes e mexa bem (pode usar o mixer).
3. Deixe a temperatura baixar até 32 °C para aplicar.
4. Coloque no pulverizador e aplique na mousse congelada.
5. Após aplicar a glaçagem na mousse, conserve na geladeira.

PARA A FINALIZAÇÃO
- Mousse de limão
- Folha de hortelã pequena

1. Coloque a mousse no prato com o auxílio de uma espátula.
2. Na ponta do limão, coloque uma pequena folha de hortelã.

CHEESECAKE

O cheesecake, embora tenha origens ocidentais, tornou-se uma sobremesa amada no Japão, com interpretação especialmente japonesa. Essa versão é reconhecida por sua textura muito leve e fofa, por vezes comparada a uma nuvem.

Feito com ingredientes como queijo cremoso, ovos, açúcar e algumas vezes creme de leite, o cheesecake japonês é assado delicadamente em banho-maria para garantir sua textura suave e uniforme. Decorado com frutas frescas ou molhos sutis, o cheesecake japonês cativa os paladares com simplicidade elegante e sabor suave, oferecendo uma experiência deliciosa e reconfortante.

Para o San, o chef Cesar Yukio criou essa receita, que mistura sabores em uma apresentação que conquista pelo olhar.

PARA O CREME
- 405 g de tofu
- 270 g de queijo cremoso
- 80 g de açúcar refinado
- 395 g de leite condensado
- 35 ml de suco de limão-taiti
- 500 g de creme de leite fresco
- 15 g de gelatina em pó sem sabor
- 60 ml de água

1. Passe o tofu por uma peneira. Reserve.
2. Na batedeira, utilize a raquete para bater o queijo cremoso e o tofu até ficar macio.
3. Adicione aos poucos o açúcar à batedeira, em velocidade baixa.
4. Acrescente o leite condensado e o suco de limão até incorporar bem.
5. Na batedeira novamente, utilizando o globo, bata o creme de leite fresco em ponto de chantilly e misture na preparação anterior.
6. Hidrate a gelatina na água, dissolva e misture no creme.
7. Coloque em um recipiente adequado e leve para gelar até ficar consistente.

PARA A CALDA DE FRUTAS VERMELHAS

- 300 g de frutas vermelhas congeladas
- 140 g de açúcar cristal
- 20 ml de suco de limão

1. Adicione todos os ingredientes em uma panela e leve ao fogo baixo, retirando toda a espuma formada até adquirir uma consistência mais pastosa.
2. Passe para outro recipiente, cubra com papel-filme e conserve na geladeira.

PARA O TUILLE DE LARANJA

- 50 g de manteiga sem sal
- 100 g de açúcar demerara
- 35 g de farinha de trigo
- 25 g de farinha de amêndoas
- 40 ml de suco de laranja

1. Preaqueça o forno a 180 ºC.
2. Misture a manteiga com o açúcar até obter uma pasta.
3. Adicione a farinha de trigo, a farinha de amêndoas e o suco de laranja.
4. Com a ajuda de uma colher, espalhe um pouco da massa sobre um silpat e leve para assar por aproximadamente 10 minutos ou até dourar.
5. Retire do forno e deixe esfriar. Coloque as tuilles frias em cima de um papel-toalha para absorver o excesso de gordura.

DORAYAKI

O dorayaki é uma sobremesa japonesa clássica composta de dois pequenos discos de panqueca macia e fofa, tradicionalmente recheados com generosa camada de anko, um doce de feijão-azuqui adoçado. Essa iguaria é popular no Japão tanto como lanche quanto como sobremesa.

A combinação da textura suave das panquecas com o recheio doce e aromático de anko cria equilíbrio de sabores e experiência gastronômica única. Além do recheio de anko, o dorayaki moderno também pode ser encontrado com uma variedade de outros recheios, como creme de matcha (utilizado em algumas experiências do San Omakase), creme de chocolate ou até mesmo geleias de frutas, adaptando-se aos gostos contemporâneos enquanto mantém sua essência tradicional.

PARA AS PANQUECAS
- 3 claras
- 100 g de açúcar refinado
- 2 gemas
- 10 g de manteiga sem sal
- 10 g de mel
- 125 g de farinha de trigo
- 7 g de fermento em pó
- 100 ml de água

1. Na batedeira, utilizando o globo, bata as claras com metade do açúcar (50 g) em picos firmes.
2. À parte, bata as gemas com o restante de açúcar, a manteiga e o mel, até tudo ficar bem incorporado.
3. Peneire a farinha e o fermento, então adicione à mistura de gemas.
4. Coloque a água aos poucos, sem bater demais.
5. Agregue a clara em neve à massa em três etapas, misturando bem a cada adição.
6. Faça discos de aproximadamente 7 cm de diâmetro em uma frigideira antiaderente previamente aquecida.
7. Espere dourar e vire as panquecas para o outro lado, mas não deixe dourar.
8. Recheie com creme ou sorvete.

PARA O CREME

- 600 ml de leite integral
- Raspas de 1 limão
- Raspas de 1 laranja
- 120 g de gemas
- 150 g de açúcar refinado
- 50 g de amido de milho
- 5 ml de extrato de baunilha
- 25 g de manteiga integral sem sal

1. Em uma panela, ferva o leite com as raspas de limão e laranja.
2. À parte, bata as gemas com o açúcar, o amido de milho e o extrato de baunilha até obter um creme claro.
3. Faça a temperagem das gemas e coloque de volta no fogo até engrossar.
4. Retire a panela do fogo e adicione manteiga, mexendo bem para homogeneizar.
5. Passe o creme para um recipiente e cubra com papel-filme a fim de não criar película.

Receitas especiais
por chef Hiro

Hiroyuki Takeoka, também conhecido como chef Hiro, nasceu em 1974. Filho de um sushiman, ajudou no preparo do sushi desde o ensino fundamental. Estudou administração de empresas para abrir o próprio negócio, mas, com a morte do pai, decidiu assumir o negócio da família para, de algum modo, manter o restaurante de sushi que era dos pais.

Em respeito à maneira tradicional japonesa de administrar um restaurante de sushi, continuou procurando um meio de gerenciar o negócio que se encaixasse no futuro; para isso, assumiu o uso das redes sociais em 2019.

No ano seguinte, um novo tipo de coronavírus eclodiu e forçou muitas empresas do mundo a mudarem seu jeito de fazer negócios. Hiro se convenceu ainda mais do uso das redes sociais e hoje é um fenômeno mundial no YouTube, Instagram e TikTok.

Parceiro do San de longa data e personagem do documentário *Oshie San: uma viagem pela cultura japonesa*, Hiro preparou duas receitas especiais para esta obra.

CINCO TIPOS DE NIGIRI DE ATUM MARINADO

マリネしたマグロの握り5種類

Para sua primeira receita, o chef Hiro apresenta um prato completo com cinco tipos de nigiri de atum marinado, com variações de insumos e complementos que conferem sabores diferenciados para cada peça.

- 300 g de atum
- Molho de soja caseiro feito a gosto (proporção: molho de soja 3, mirin 1, saquê 1)
- Mostarda japonesa a gosto
- Pimenta yuzu a gosto
- Sementes de gergelim branco a gosto
- Wasabi a gosto
- Yuzu cítrico a gosto
- 200 g de arroz de sushi

1. Coloque o atum em bloco em água fervente e cozinhe rapidamente até a superfície mudar de cor.
2. Retire o atum assim que a cor da superfície mudar e coloque-o em água gelada até esfriar.
3. Retire o excesso de água da superfície e marine em mirin e molho de soja por 20 minutos.
4. Retire o excesso de líquido com papel-toalha, depois corte o atum e transforme-o em nigiri e cubra cada nigiri com condimentos.

TEKKAMAKI VERDE CROCANTE
手巻き緑のカリカリ

Na segunda receita, Hiro apresenta uma versão saborosa e diferente do tekkamaki, que reúne ingredientes tradicionais japoneses para uma apresentação com essência nipônica.

- 100 g de atum
- 1 broto de rabanete
- 1 pepino
- 2 folhas de nori
- 100 g de arroz de sushi
- 2 brotos de cebola verde
- Sal (opcional)
- Molho de soja
- Wasabi

1. Corte o atum e os brotos de rabanete, descasque o pepino e corte a parte descascada em tiras finas.
2. Alinhe 2 folhas de nori no tapete de makisu e coloque arroz de sushi, atum, casca de pepino, brotos de rabanete e brotos de cebola verde.
3. Enrole o tapete de makisu para fazer um roll de futomaki e corte.
4. Sirva com molho de soja e sua quantidade favorita de wasabi.

Colaboradores

André Nobuyuki Kawai

Mestre renomado da culinária japonesa, nasceu no Brasil e dedicou-se à gastronomia no Japão desde jovem, onde estudou e se especializou em sushi. Em 2009, fundou a maior escola de gastronomia japonesa do mundo, a Nagoya Sushi School, que já formou mais de 15 mil estudantes e da qual ele é presidente.

Em 2022, assumiu a posição de chef do San e, em 2024, conquistou sua primeira Estrela Michelin, tornando-se o único restaurante (e chef) japonês do Rio de Janeiro a receber tal premiação.

Acumula títulos de destaque ao longo de sua trajetória na educação e na gastronomia:

- **Estrela Michelin**

- **Presidente da Associação Geral de Sushi do Brasil**

- **Diretor da Associação de Washoku do Brasil**

- **Representante oficial da Associação Geral de Sushi do Japão no Brasil e Portugal**

- **Embaixador do Sushi do Brasil e Portugal**

- **Primeiro brasileiro certificado na proficiência de sushi no Japão**

César Calzavara

Graduado em Medicina Veterinária e mestre em Recursos Pesqueiros e Aquicultura pela UFRPE na área de tecnologia e qualidade de pescado, tem experiência em inspeção de produtos de origem animal e segurança alimentar na indústria e no varejo. Foi professor substituto na disciplina de higiene e inspeção de produtos de origem animal do curso de Medicina Veterinária da Universidade Federal da Paraíba (UFPB). É professor do programa Novos Caminhos da Universidade Federal do Rio Grande do Norte (UFRN), unidade da Escola Agrícola de Jundiaí (EAJ). César coordena a área de controle de qualidade e tecnologia de pescado do San.

Cesar Yukio

Formado em Gastronomia pela Universidade Anhembi Morumbi e pelo L'Institut Paul Bocuse, especializou-se em Confeitaria na Universidade Anhembi Morumbi, na École Lenôtre, em Paris, e no Instituto Mausi Sebess, em Buenos Aires.

Desde 2023, Yukio comanda todas as sobremesas do San e San Omakase.

Em 2024, ele foi o vencedor da primeira edição do programa *MasterChef Confeitaria*.

Elinda Satie Date

Formada em Biomedicina e Imunogenética em São Paulo, fez pós-graduação na Universidade de Medicina Tokai, Japão, onde reside desde 1984. Elinda é casada com um engenheiro agrônomo e comanda a Date Produção de Chás Verde e Preto, na Província de Mie, uma das maiores produtoras de chás do país. Sua atuação diária a torna especialista em chás, com conhecimento técnico e detalhista da produção ao consumo.

Hiroyuki Takeoka (chef Hiro)

Um dos principais nomes da culinária japonesa no mundo e fenômeno na internet com números impressionantes, o chef Hiro administra seu restaurante que conta mais de cinquenta anos no Japão. No local, cria receitas que ficam famosas nos meios digitais. Segundo Hiro, sua missão é difundir ainda mais a culinária e a cultura japonesa em todo o mundo.

Leandro Ishibashi

Master Sake Sommelier, Shiba, como é conhecido, mostra-se um eterno apaixonado pela arte dos saquês e demonstra conhecimento técnico sobre a tradicional bebida japonesa, que transcende as linhas culturais do país. Assina as cartas do San e San Omakase.

Luis Guilherme de Mattos

Luis, que é sócio-fundador responsável pela operação e administração do San e das demais marcas do grupo, cuida de cada elemento dos restaurantes. Participante ativo na pesquisa de produtos e itens da marca, esteve diretamente envolvido no documentário

Oshie San: uma viagem pela cultura japonesa, primeiro mergulho do San na cultura japonesa, assim como colaborou na presente obra.

Marcos Miura

Nascido no Paraná, Marcos Miura migrou para o Japão aos 16 anos. Aos 29 anos, abriu uma empresa que importava produtos do Brasil para a comunidade brasileira do Japão. Com a popularização da culinária japonesa no mundo inteiro, os utensílios para sua preparação também se tornaram objeto de desejo das pessoas no Brasil. O negócio de Miura evoluiu anos depois com um site em português e se expandiu para loja física e site em outros idiomas. Hoje, a empresa Miura Knives – Direto do Japão detém a maior variedade de marcas de facas no Japão, com venda para diversas localidades. Por seu contato diário, Miura é um dos maiores especialistas de facas nipônicas no mundo.

Roberto Maxwell

Roberto Maxwell é carioca e está radicado no Japão desde 2005, onde fez carreira como produtor de vídeos, escritor, jornalista e guia de turismo. Apaixonado pela gastronomia japonesa, fornece serviços de viagem e produção de conteúdo no Japão para brasileiros e outros estrangeiros. Especialista em saquê, shochu e awamori, ele compartilha suas criações e descobertas em seu site e no perfil @robertomaxwell do Instagram.

Thiago De Luca

Thiago de Luca é CEO da Frescatto, uma das principais empresas do setor pesqueiro no Brasil, fundada por seu avô Carmelo de Luca em 1944. Thiago tem liderado a transformação e expansão da empresa, que está se consolidando como uma das maiores produtoras de pescado no país. Sob sua liderança, a Frescatto vem investindo em diversificação de produtos e aumento da presença no mercado internacional, além de priorizar a sustentabilidade e a valorização dos pequenos pescadores.

William Albuquerque

William Albuquerque é pioneiro na arte de maturação para peixes – processo fundamental na limpeza, pureza e extração de melhores sabores – em diversos estados brasileiros. Com alcance técnico ímpar, domina todas as estratégias e ações necessárias em cada etapa do processo. Há anos é consultor do San e San Omakase.

A Editora Senac Rio publica livros nas áreas de Beleza e Estética, Ciências Humanas, Comunicação e Artes, Desenvolvimento Social, Design e Arquitetura, Educação, Gastronomia e Enologia, Gestão e Negócios, Informática, Meio Ambiente, Moda, Saúde, Turismo e Hotelaria.

Visite o site www.rj.senac.br/editora, escolha os títulos de sua preferência e boa leitura.

Fique atento aos nossos próximos lançamentos!

À venda nas melhores livrarias do país.

Editora Senac Rio
Tel.: (21) 2018-9020 Ramal: 8516 (Comercial)
comercial.editora@rj.senac.br

Fale conosco: faleconosco@rj.senac.br

Este livro foi composto nas tipografias Adobe Garamond Pro, Cinzel, Hiragino Sans CNS W3 e Yuji Mai e impresso pela Coan Indústria Gráfica Ltda., em papel *couché matte* 150 g/m², para a Editora Senac Rio, em março de 2025.